Kohlhammer

Der Autor

Damianos Korosidis, Studium der Sozialpädagogik mit Forschungs- und Interessenschwerpunkten bei dem Verhältnis von Kindern und Jugendlichen zu existenziellen Themenbereichen wie Religiosität und Philosophie. Berufliche Erfahrungen als Leiter eines Jugendheimes, als Fachkraft in der Kinder- und Jugendhilfe sowie im Kinderschutz. Ausbildung zum Analytischen Kinder- und Jugendlichenpsychotherapeuten, seit 2012 niedergelassen in eigener Praxis. Dozent am Psychoanalytischen Institut Stuttgart.

Damianos Korosidis

Psychodynamik des Todes bei Kindern und Jugendlichen

Verlag W. Kohlhammer

Dieses Werk einschließlich aller seiner Teile ist urheberrechtlich geschützt. Jede Verwendung außerhalb der engen Grenzen des Urheberrechts ist ohne Zustimmung des Verlags unzulässig und strafbar. Das gilt insbesondere für Vervielfältigungen, Übersetzungen und für die Einspeicherung und Verarbeitung in elektronischen Systemen.

Pharmakologische Daten verändern sich ständig. Verlag und Autoren tragen dafür Sorge, dass alle gemachten Angaben dem derzeitigen Wissensstand entsprechen. Eine Haftung hierfür kann jedoch nicht übernommen werden. Es empfiehlt sich, die Angaben anhand des Beipackzettels und der entsprechenden Fachinformationen zu überprüfen. Aufgrund der Auswahl häufig angewendeter Arzneimittel besteht kein Anspruch auf Vollständigkeit.

Die Wiedergabe von Warenbezeichnungen, Handelsnamen und sonstigen Kennzeichen berechtigt nicht zu der Annahme, dass diese frei benutzt werden dürfen. Vielmehr kann es sich auch dann um eingetragene Warenzeichen oder sonstige geschützte Kennzeichen handeln, wenn sie nicht eigens als solche gekennzeichnet sind.

Es konnten nicht alle Rechtsinhaber von Abbildungen ermittelt werden. Sollte dem Verlag gegenüber der Nachweis der Rechtsinhaberschaft geführt werden, wird das branchenübliche Honorar nachträglich gezahlt.

Dieses Werk enthält Hinweise/Links zu externen Websites Dritter, auf deren Inhalt der Verlag keinen Einfluss hat und die der Haftung der jeweiligen Seitenanbieter oder -betreiber unterliegen. Zum Zeitpunkt der Verlinkung wurden die externen Websites auf mögliche Rechtsverstöße überprüft und dabei keine Rechtsverletzung festgestellt. Ohne konkrete Hinweise auf eine solche Rechtsverletzung ist eine permanente inhaltliche Kontrolle der verlinkten Seiten nicht zumutbar. Sollten jedoch Rechtsverletzungen bekannt werden, werden die betroffenen externen Links soweit möglich unverzüglich entfernt.

1. Auflage 2021

Alle Rechte vorbehalten
© W. Kohlhammer GmbH, Stuttgart
Gesamtherstellung: W. Kohlhammer GmbH, Stuttgart

Print:
ISBN 978-3-17-036008-2

E-Book-Formate:
pdf: ISBN 978-3-17-036009-9
epub: ISBN 978-3-17-036010-5
mobi: ISBN 978-3-17-036011-2

Abb. 1: »Der Kuss des Todes«; Marmorskulptur auf dem Friedhof von Poblenou in Barcelona (Atelier von Jaume Barba, 1930). Sie wurde 1930 von einer Familie zu Ehren ihres im jugendlichen Alter verstorbenen Sohnes in Auftrag gegeben (PELYgROSA, Wikimedia Commons, lizenziert unter CreativeCommons-Lizenz by-sa-4.0-deed.de, https://creativecommons.org/licenses/by-sa/4.0/deed.de)

Inhalt

Einklang – Therapeutische Annäherung an den Tod, das Kind und die Lebenskraft 11

1 **Anfang und Ende: Die Psychodynamik des Todes bei Kindern und Jugendlichen** 16
  1.1   Der Tod in seiner allumfassenden Gestalt 16
        1.1.1 Ein phylogenetischer Blick auf die Geburt und die frühe Entwicklung der bewussten Menschheit 17
        1.1.2 Traumatischer Wiederholungszwang 18
        1.1.3 Äußerer und innerer Raum 24
        1.1.4 Der Trieb zum oder die Angst vor dem Tod und aggressive Lebensenergie 27
        1.1.5 Die Geburt der Psychoanalyse, ihr Begründer und der Tod 31
  1.2   Mythische Annäherung an den Tod 37
        1.2.1 Märchen und der Tod 41
        1.2.2 Der Mythos des Heros: Das Leben als Heldenreise 42
  1.3   Alles ist dem Tod gewidmet 44
  1.4   »Wo ist der Tod heute?« Der Sensenmann und seine moderne Gesellschaft zu Kindern und Jugendlichen 46

2 **Wie bedeutsam erscheint der Tod für Kinder- und Jugendlichenpsychotherapeuten?** 54
  2.1   Patienten des Lebens 62

2.2	Die Bezugspersonen bzw. -objekte und deren basale Bedeutung: Tod als Zusammenbruch der Beziehung zum Leben	63
2.3	Denken über das Undenkbare	69
2.4	»Wer hält eigentlich den Container?« Todes- und Lebensangst des Kinder- und Jugendlichenpsychotherapeuten	73

3 Geburt, Tod und das »Dazwischen«: Ontogenetische Entwicklungsdynamik des Todes bei Kindern und Jugendlichen **84**

- 3.1 Empfängnis und existenzielle Dynamik 84
- 3.2 Die Psychoanalyse und ihr »Trauma der Geburt« .. 89
  - 3.2.1 Haltgebende Lebensräume und Rituale 92
- 3.3 »(Wann) Ist der Tod begreifbar?« Entwicklungspsychologisch-ontogenetische Todeskonzepte bei Kindern und Jugendlichen 95
  - 3.3.1 Existenzielle Psychotherapie, psychotherapeutische Existenz 106

4 Psychopathologie und Todesdynamik **115**

- 4.1 Das gesunde Kind und das kranke Kind 118
  - 4.1.1 Das gekränkte Kind: Lebensnarzissmus und Todesnarzissmus 120
- 4.2 Das verlorene Kind und Objekt: Verlust, Trennung und Trauer 126
  - 4.2.1 Kindliche Trauerkonzepte 133
  - 4.2.2 Das sich verlierende Kind: Abschied vom Leben 135
- 4.3 Das todtraurige Kind: Depression des Lebens im Angesicht des Todes 138
  - 4.3.1 Das Spiel des Lebens: Tragisches und Komisches 141
  - 4.3.2 Das todessehnsüchtige Kind und Suizidalität: »Das Leben ist nicht auszuhalten« 143

5	Das Kind, der Tod und schöpferische Kraft	156
5.1	Die Schöpfung des Selbst im Leben	157
	5.1.1 Die Grenzen meiner selbst	162
5.2	Mystische Psychoanalyse	164
5.3	Es gibt nur einen Tod: Interkulturelle Annäherung	168
5.4	Wie das Leben so spielt: Der Tod ist Schicksal	171
5.5	Das Leben, sein Anfang und das Heil(ig)ende	173

Ausklang 178

Literatur 180

Stichwortverzeichnis 187

Einklang – Therapeutische Annäherung an den Tod, das Kind und die Lebenskraft

»*Der Tod kommt!*«

Mit diesen Worten leitet ein achtjähriger, von zahlreichen Ängsten geplagter und melancholisch erscheinender Junge in der Frühphase seiner psychoanalytischen Kindertherapie eine unserer Begegnungen ein. »Oha, da muss ich mich ja in Acht nehmen«, erwidere ich spontan mit einem leichten Lächeln im Gesicht. Bereits beim gemeinsamen Hineingehen vergeht mir mein Lächeln ziemlich rasch und es folgen Überlegungen über sein mögliches Befinden und wie gefährlich-böse bzw. tödlich er sich fühlen mag. Oder erlebt er gar mich und meinen angebotenen Raum als so bedrohlich? Kaum im Praxiszimmer angekommen fragt der Junge bedeutungsvoll und unmittelbar an mich gerichtet: »Was glaubst Du, wann kommt der Tod?«, um sich dann umgehend den Spielzeugautos zu widmen. »Ich weiß es nicht«, lautet meine mehr als beeindruckte und aufrichtige Antwort, »aber das scheint Dich arg zu beschäftigen!«

Diese verdichtete Eingangsszenerie mag einstimmen auf die folgenden Gedanken und Ausführungen, die um etwas kreisen, das uns alle – Groß und Klein – unmittelbar betrifft. Unermessliche Gestaltungen vom absolut bösen Vernichter bis zum heiligen Erlöser haben ihn begleitet. Und doch scheint es ein »Unthema«, eine »Unerfahrung«, ja ein »Unding« zu sein, für das es nichts Begreifbares, keine Worte und auch keinerlei Symbole oder Repräsentanzen zu geben scheint.

Der Tod ist, wie ein fünfjähriges Mädchen einmal meinte: »Da und nicht da!«

Jener Dualismus treibt die bewusstseinsfähige Menschheit seit ihren Anfängen um, wobei das vorliegende Buch eine Einladung an den Leser darstellt, sich dieser essenziellsten Urspaltung aus einer psychodynamischen Sicht gemeinsam mit Kindern und Jugendlichen *spielerisch* anzunähern. Als tragendes Fundament dient hierbei das integrative Credo, dass jegliche Auseinandersetzung mit dem Tod eine unmittelbare Beschäftigung mit dem Leben bedeutet. Dynamik soll in ihrer originären Bedeutung als unser aller »Ur-*Kraft*« aufscheinen, wie sie u. a. Otto Rank verstanden hat, wobei Spiel und Spielerisches gleichsam in ihrer tief menschlichen Komponente Bedeutung finden sollen.

»Peng! Du bist tot!« Diese Aussage eines Grundschulkindes steht beispielhaft für unzählige Spielsituationen mit verschiedensten Heranwachsenden und ich könnte nicht mehr ermessen, wie oft ich in meiner psychotherapeutischen Arbeit bereits spielerisch gestorben bin.

Im Kern der Dinge geht es um unser aller Blackbox, wobei wir uns originär psychoanalytisch dem – inneren – Kind nähern wollen, um gemeinsam mit dem Gedanken zu spielen, dass wir eines Tages nicht mehr sein werden. Der Begriff der Annäherung wird hierbei essenziell und leitend sein, er umfasst etwas Grundlegendes, gerade im psychodynamischen Denken:

Wie nah kann, darf oder soll schließlich irgendetwas zu irgendetwas Anderem sein? Das Ich zum Du? Das Selbst zur Welt? Der Körper zur Seele? Das Bewusste zum Unbewussten? Das Gute zum Bösen? Der Traum zur Realität? Die Realität zur Phantasie? Die Wahrheit zur Wirklichkeit? Der Raum zur Zeit? Der Anfang zum Ende? Das Leben zum Tod?

In seiner namenlosen Gestalt und seinem endlosen Lebensgehalt ist der Tod in seinem tiefsten Grunde einfach. Nur schreckt und überwältigt den Menschen als dualistisches Wesen wohl nichts so sehr wie diese *Ein(fach)heit*. Jung benennt es unmittelbar: »Das Einfache aber ist immer das Schwierigste« (Jung, 1994, S. 124). Diesem unheimlich Einfachen scheint besonders das Kind – auch als inneres Wesen beim Erwachsenen – seelisch sehr nah zu sein. Für ein verständnisreiches Annähern an diese einfachen Bereiche kommt den originären psychoanalytischen Themenkomplexen höchste Gewichtung zu, vorausgesetzt man betrachtet und verwendet diese in ihrer konstruktiven Vielfalt. Als wissenschaftliche Basis kann hierzu ein spielerischer und an der ursprünglichen Empirie als Erfahrungsdisziplin orientierter Ansatz dienen (»émpeiria« steht im Griechischen für »Erfahrung« bzw. »etwas wagen« und nicht etwa für »gesichertes Wissen«).

Da hier ohnehin nicht der Ort sein kann für ausführliche wissenschaftstheoretische Diskussionen mit akademisch geleiteten Abhandlungen über Hermeneutik, Heuristik oder Falsifikation, wird es mehr um Aspekte des *Da-Seins, des Berührt-Seins und des Gehalten- Seins* gehen. Auch erkenntnisphilosophische Begriffe wie Ontologie, Transzendenz und Immanenz werden im Folgenden nicht auftauchen. Ausdrücklich sei dabei darauf hingewiesen, dass es mir nicht um eine etwaige Verleugnung wissenschaftlicher Zugangswege und Erkenntnisse geht. Vielmehr möchte ich die empirische Stellungnahme wagen, dass insbesondere die psychodynamische Herangehensweise in ihrer Vielfalt etwas sehr Wertvolles in Bezug auf die Annäherung an den Tod und somit an das *Ungewisse* schlechthin, gerade auch mit Kindern und Jugendlichen, bedeuten kann. Es ist wohl der kindlich spielerische Forschergeist in uns allen, der Wissen schafft. Bereits Hermine Hug-Hellmuth als Pionierin der Kinderanalyse konstatiert: »Insbesondere sind Anfang und Ende des Lebens, Eintritt und Hingang des Einzelnen die nie versiegende Quelle aller Wie und Warum des Kindes« (Hug-Hellmuth, 1912, S. 286–287).

So werden meine theoretischen Ausführungen immer wieder von Beispielen aus der Praxis mit Kindern, Jugendlichen, aber auch Erwachsenen begleitet. Beides werde ich durch Beschreibung meiner Gegenübertragungsgefühle bzw. meiner persönlichen Empfindungen organisch zu verbinden versuchen. Daraus sollen schließlich Inspirationen für eine mögliche Haltung und einen stimmigen, hilfreichen psychotherapeutischen Umgang mit diesen Grenzbereichen für alle Interessierten gewonnen werden.

Selbstredend muss hierbei die Ansicht gegenüber dem Tod als elementarstem Koordinator des menschlichen Lebens nicht in vollem Umfang geteilt werden. Auch ohne diese Ausrichtung lassen sich Anregungen für den eigenen therapeutischen Alltag gewinnen, insbesondere über die Schilderungen, in denen sich der Tod beispielsweise durch einen konkreten oder nahenden Verlust oder suizidale Tendenzen direkt zeigt und nach konkreten Handlungsschritten verlangt. So können dann auch die für diese Reihe charakteristischen Zusammenfassungen am Ende eines Kapitels und die anschließenden weiterführenden Fragen ihre angemessene Berechtigung als orientierungsgebende Pfeiler finden.

Jene Orientierung wird es im zu begehenden Terrain mitunter brauchen, da im Weiteren auf keinen Fall der Ansatz unternommen werden soll, Psychodynamik exakt zu definieren. Die genaue Bestimmung dürfte genauso fehlschlagen und am eigentlichen Ziel vorbeiführen wie eine Begriffsdefinition vom Leben oder gar dem Tod.

Hinzuweisen wäre hier auf die »Thanatopsychologie«, die sich in umfangreicher und bewundernswerter Weise dem Sterben und dem Tod aus einem klassischen und streng wissenschaftlichen Paradigma heraus annähert (Wittkowsky, 2003). Darin wird u. a. differenziert zwischen dem Sterben als noch im Leben befindlichen Vorgang und dem endgültigen Tod. Diese Unterscheidung wird in der vorliegenden Arbeit eine vereinzelte, aber keine wesentliche Rolle spielen.

Auch wenn wir alles Erdenkliche dafür tun (müssen), dies zu vergessen bzw. abzuwehren, so sind wir vom Anbeginn unserer Existenz im Sterbeprozess und absolut niemand weiß, wann das Ende naht. Der Tod ist der Horizont, der ausschließlich vom Schiff des Lebens aus erkundet werden kann.

Die vor allem von Kindern – besonders in den Anfangsbegegnungen – gestellten Fragen: »Wohnst Du hier?«, »Hast Du auch Kinder?« oder »Wo kommst Du her?« wurden in der analytischen Kindertherapie bereits unzählige Male interpretiert und gedeutet. Ein sechsjähriges Mädchen fragte mich während eines Puppenspiels einmal, ob ich auch geboren wurde!

Man kann diese Aussagen natürlich auf verschiedenste psychodynamische Art konstruktiv interpretieren und deuten. Ich möchte auf den dynamisch-existenziellen Gehalt dieser Worte hinweisen und mich zusammen mit den kindlichen Fragestellern damit beschäftigen, ob darin auch Hinweise auf deren Suche nach basalen Lebensfragen enthalten sind. Solch eine Haltung kann unter wahrlicher

Achtung der Abstinenz die eigenen psychischen Abwehr- bzw. Bewältigungsanteile in den therapeutischen Prozess integrieren. Manchmal antworte ich darauf: »Ich wohne hier ... auf der Erde« oder »Also, ich war auf jeden Fall auch mal ein Kind« und »Ja, ich bin so wie Du – und so wie wir alle – geboren und lebendig!«

Die Psychodynamik des Todes ist nicht zuletzt unter psychotherapeutischen Gesichtspunkten eine Psychodynamik des Lebens und somit das Fundament jeglicher Seelenbehandlung.

Die Auseinandersetzung mit Beziehung bildet dabei seit jeher das Kernstück psychoanalytischer Bestrebungen. Gleichgültig ob es um die Relation zur Umwelt oder um die wohl bedeutendste Beziehung im Leben, der zu uns selbst, geht:

Der Tod spielt in jeder Beziehung mit.

Weiterführende Fragen

- Was lösen die Vorstellungen vom inneren Kind und seinem Tod in mir aus?
- Warum sollte man sich ausgerechnet mit Kindern und Jugendlichen mit so etwas wie dem Tod beschäftigen, zumal wenn sie nicht durch unmittelbare schwere Krankheits- bzw. Trauerfälle damit konfrontiert sind?
- Wie weit nähere ich mich als Mensch, aber auch in meiner Profession als Kinder- und Jugendlichenpsychotherapeut der existenziellen Ebene und der – eigenen – Sterblichkeit an?
- Was für eine Wissenschaft ist die Psychoanalyse und was kann man über den Tod wissen?

1 Anfang und Ende: Die Psychodynamik des Todes bei Kindern und Jugendlichen

1.1 Der Tod in seiner allumfassenden Gestalt

»Vielleicht ist die wesentlichste Geschichte des Menschen als eine Geschichte seiner Wiegenlieder gegen den Tod zu schreiben«
(Marcuse, 1984).

Seit Anbeginn der fassbaren und rekonstruierbaren Geschichte haben sich die Menschen mit dem Tod beschäftigt und ihn in ihr Leben zu integrieren versucht. Dieser Abschnitt über die menschheitsgeschichtliche Auseinandersetzung mit dem Tod dient in komprimierter Form hauptsächlich der einstimmenden Veranschaulichung in Bezug auf eine mögliche Psychodynamik des Todes und ihrer archaischen Essenz. Freuds Interesse am Prähistorischen und an der Sozialanthropologie ist bekannt. Stefan Zweig gegenüber hat er in einem Brief eröffnet, dass er in seinem Leben wohl mehr Bücher über Archäologie als über Psychologie gelesen habe (Schur, 1973, S. 295), und Freud bezeichnete wiederholt sein Werk »Totem und Tabu« als eines seiner Lieblingswerke (Freud, 1912/13, S. 289). Er hat dabei versucht, die Ontogenese des Individuums als rekapitulierende Verdichtung der menschlichen Phylogenese zu sehen. Diese Anschauung öffnet wiederum für unsere entwicklungsbezogene bzw. -dynamische Betrachtungsweise interessante Kanäle und wird den weiteren Betrachtungsweg ebnen.

1.1.1 Ein phylogenetischer Blick auf die Geburt und die frühe Entwicklung der bewussten Menschheit

Die evolutionstheoretischen bzw. anthropologischen Wissenschaften versuchen zu beschreiben, wie unsere Primaten-Vorfahren den Vorgang der psychischen Akkommodation an die lebensbedrohliche Außenwelt in Verbindung mit einer stetig wachsenden Selbstbewusstheit bewältigt haben könnten.

Solomon et al. (2015) betonen dabei den nicht zu überschätzenden Stellenwert der symbolischen Ebene und stellen fest, dass die Verwendung von Zeichen bzw. Symbolen, Selbstbewusstheit und die Fähigkeit, sich Gedanken über die Zukunft machen zu können, extrem hilfreiche Entwicklungen für unsere Vorfahren gewesen sind (Solomon et al., 2015, S. 105).

Jedoch – und hier stimmen zahlreiche weitere Forscher und Denker überein – hat die damit einhergehende Erkenntnis des eigenen Todes grundlegende existenzielle Ängste ausgelöst, die für den Menschen so inakzeptabel seien. Somit wurden Glaubenssysteme notwendig und entwickelt, die über diese so erschütternde Natur hinausgingen. Otto Rank beschreibt dies als die Fähigkeit, das Unwirkliche wirklich werden zu lassen, und Ernest Becker stellt es in der Nachfolge als die Möglichkeit dar, das Unglaubliche glaubhaft zu machen (Becker, 1976). Luigi De Marchi spricht gar vom »Urschock« (De Marchi, 1988), wobei bereits Freud u. a. in »Totem und Tabu« ähnliche Gedankenwege gegangen ist.

Ein dreieinhalbjähriger Junge sprach im spielerischen Austausch mit mir plötzlich das Sterben an und was »im Totsein« passiere. Ich werde nie seine Reaktion vergessen, nachdem ich behutsam angesprochen hatte, dass wir dann »nicht mehr leben« und »nicht mehr da sind auf dieser Welt«: Sein ernster und auch erschrockener Gesichtsausdruck ließ keinen Zweifel aufkommen, dass er sehr genau wusste und fühlte, was damit gemeint ist. »Das gefällt mir nicht so«, meinte er schließlich in einer dann beinahe schon stoisch-gelassenen Ausstrahlung, um sich dann wieder in sichtlich lustvollem Genuss seinem Spiel zu widmen.

1 Anfang und Ende

Ein weiterer, nicht ganz fünfjähriger Junge möchte mit mir wiederholt die Beerdigung seines Kanarienvogels spielend nachempfinden, wobei er zunächst diverse Spielobjekte für die rituell anmutende Beisetzung verwendet. Sehr wichtig erscheinen ihm dabei einzelne Utensilien, die beigelegt werden müssen. Schließlich fordert er mich in einer Begegnung auf, gemeinsam mit ihm der Vogel zu sein. Mich erstaunt dabei, dass ich mich daraufhin ausgestreckt auf den Boden lege, während er sich – beinahe embryonal – zusammenkauert.

Aus der Archäologie ist bekannt, dass es wohl keine kulturelle Epoche gegeben hat, die nicht größten Wert auf bestimmte rituell-typische Umgangsformen mit ihren Verstorbenen gelegt hat. Bestattungen und Sepulkralkultur (Vogel, 2012, S. 25) sind so alt wie die personale und bewusste Menschheit. Bereits von den Neandertalern sind solche Relikte erhalten, wobei vermutet wird, dass sie zeitlich sogar noch früher zurückreichen (vgl. Türcke, 2009; Armstrong, 2005). Dabei scheinen diese beinahe immer von diversen Kult- bzw. Opferbeigaben begleitet. Es finden sich gar Hinweise, dass die Verstorbenen in Urzeiten bevorzugt in einer Embryonalstellung beerdigt wurden (Solomon et al., 2015).

Viele Forscher sind sich mit Freud dabei einig, dass die Grundlage dieser Rituale und Sitten in der fundamentalen Ambivalenz der Überlebenden gegenüber den Toten und im tiefen Glauben an ein Fortbestehen nach dem Sterben liegt. Zahlreiche Aspekte der Begräbnisrituale können als Ausdruck des Wunsches nach einem leichteren und beschleunigten Übergang der Verstorbenen verstanden werden. Gleichzeitig scheint aus psychodynamischer Sicht die Angstabwehr mit bestmöglichem Verhindern einer befürchteten Rückkehr der Toten eine ebenso gewichtige Rolle zu spielen (vgl. Freud, 1912/13, Grof & Halifax, 1980).

1.1.2 Traumatischer Wiederholungszwang

Der Kulturphilosoph Türcke baut von dieser Grundambivalenz ausgehend eine eindrucksvolle und teils sehr an Freud orientierte Historie bzw. »Philosophie des Traums« auf, in der er darzustellen versucht, wie sich unsere Vorfahren im Angesicht der unentwegt auf sie einprasselnden Gefahren und Naturgewalten zu behaupten versuchten (Türcke, 2009).

1.1 Der Tod in seiner allumfassenden Gestalt

Dies sei durch jahrtausendelange, reziproke Vorgänge geschehen, wobei Türcke seinen Blick sehr auf die inneren Abläufe des Menschen richtet. Neben der durch den Werkzeuggebrauch vor wohl über 2,5 Millionen Jahren enormen Verschiebung und Verdichtung der gesamten menschlichen Triebenergie stelle die Opfergabe in Verbindung mit rituellen Bestattungen ein existenzielles Zentrum dar. Die Hominiden, also die Frühmenschen, hätten versucht den Urschrecken dadurch zu bändigen, indem sie sich ihm immer wieder aufs Neue ausgesetzt haben. Nur eben aktiv-rituell über einen sogenannten »traumatischen Wiederholungszwang«. Sie setzten sich im Angesicht des Todes mit Opferritualen, die nicht selten sehr nahestehende Menschen betrafen, diesem ursprünglichen und psychisch anders wohl nicht zu bewältigenden Schrecken aus, um ihn so zumindest partiell dämpfen zu können. Dieser Nachlass setzt sich aus Türckes Sicht – viel bedeutender als es Freud in seiner Darstellung des Wiederholungszwanges habe erkennen können – im heutigen Kulturmenschen und eben insbesondere in unseren Träumen fort.

Träumerisches Spiel oder spielerischer Traum

Der Traum gehört zum Schlaf und der ist für den Menschen schon immer dem Tod sehr nah. Tod und Schlaf, Thanatos und Hypnos als Göttergestalten, sind in der griechischen Mythologie Brüder und wohnen dort, wo Tag und Nacht sich begegnen. Während Hypnos dabei weitgehend als gutmütig und weich dargestellt wird, strahlt Thanatos etwas Erbarmungsloses aus. Welch unmittelbare Nähe der Schlaf zur thanatologischen Dimension für den Menschen einnimmt, wird mitunter in der weit verbreiteten Vorstellung deutlich, der Gestorbene sei in einen »ewigen Schlaf« gefallen. Häufig wird so oder so ähnlich versucht, insbesondere kleine Kinder bei einem Todesfall zu trösten, wobei nicht selten Gegenteiliges bewirkt wird und das betroffene Kind heftige Ängste vor dem Einschlafen entwickelt. Aber auch ohne solch eine Vorgeschichte fällt es bekanntlich Kindern – und bei entsprechender Konstellation auch Jugendlichen und Erwachsenen – teilweise enorm schwer, in den Schlaf und dessen Traumwelten zu fallen. Die Schlafebene scheint mit ihrer natürlichen Unabdingbarkeit jedoch von Anbeginn auch eine anziehend-angenehme und tief libidinöse Seite zu haben.

1 Anfang und Ende

Hierbei kommt der Grenze zwischen äußerem und innerem Raum großes Gewicht zu. Frei flottierende, halluzinatorisch-träumerische Erlebnisse wandelten sich im Laufe von Jahrhunderttausenden über die divergierende Verdichtung im Opferraum zu Repräsentationen und begreifbaren Vorstellungen. Mit dem namenlosen Schrecken des Todes als Urauslöser entwickelte sich über die Phylogenese der Menschheit der individuelle innere bzw. mentale Binnenraum, dem sich die Psychoanalyse seit jeher empirisch widmet. Innerhalb dieses psychischen Raumes wiederum spielen die Träume bis heute eine wesentliche Rolle bei der Verarbeitung thanatologischer Elemente. In ihnen können wir quasi unserem gewaltigen, urmenschlichen Erbe sehr nahe kommen.

Insbesondere die Arbeiten von Melanie Klein und ihren Nachfolgern konnten eindrucksvoll zeigen, dass sich aber auch die kindlichen Spielinszenierungen im entsprechenden therapeutischen Setting als Analogon von – unbewussten – Phantasiegestaltungen mit großer Nähe zu Traumabläufen verstehen lassen. Die diesbezüglichen praktischen Beispiele sowie der entsprechende Verständnishorizont dürften also unermesslich sein.

Unter diesem Gesichtspunkt möchte ich zwei kurze klinische Fallsequenzen einflechten, die das Angesprochene dualistisch-reziprok aus der jeweils passiven (»Opfer«-) und der aktiven (»Täter«-)Position aufscheinen lassen:

> Bei der ersten handelt es sich um die Initialtraumschilderung eines zehnjährigen Jungen mit heftigen Ein- bzw. Durchschlafschwierigkeiten und Trennungsängsten, bei der ich vermute, dass wohl viele Leser ähnlich typische Traumbilder von sich und ihrem Umfeld zu berichten wissen: »Überall Menschen, ganz viele Leute ... und ich kann nichts tun. Gar nichts! Das ist ... (hier findet der Junge keine Worte) die schauen mich alle so an.«

Türcke geht auf den tief sitzenden Schrecken bezüglich des »Angeschaut-Werdens« als »auserwähltes Opfer des Kollektivs« ein und ordnet u. a. den in vielen Kulturkreisen tradierten »Bösen Blick« diesem Erbe zu (Türcke, 2009, S. 65; vgl. auch Freud, 1919). Das sehende Organ hat in allen Kulturen und Traditionen einen hohen Stellenwert und die

Dunkelheit bzw. das Nicht-Sehen als passive Vorgänge werden ebenfalls oft mit dem Tod assoziiert.

Bezüglich der Frühentwicklung des Individuums lässt sich darüber hinaus die archaische Ambivalenz in Bezug auf die – nahestehenden – Bezugsmenschen erkennen. »Der Glanz im Auge der Mutter« oder »ein Auge auf jemanden werfen« sind als Redewendungen bekannt, die etwas Wohlwollend-Libidinöses und Versorgend-Aufnehmendes verströmen. Im archaischen Kern beinhalten sie allerdings auch eine erschreckend-verfolgende und aggressiv- destruktive Note. Ich kenne wenig, was – nicht nur Kindern – so viel Angst einjagen kann wie der durchdringende Blick eines Augenpaares.

Die zweite Szene schließt hieran an und handelt von einem neunjährigen, oft ungehaltenen und unter Spannung stehenden Mädchen, das mit zahlreichen biografischen bzw. psychosozialen Belastungsfaktoren zu kämpfen hatte. Tatsächlich forderte sie mich und meine Grenzen wiederholt in unzähligen Situationen regelrecht heraus, wobei mich ihre forsche und kriegerische Energie von Beginn an beeindruckt hat. Darüber hinaus waren die gemeinsamen Begegnungen von sich wiederholenden Handlungs- bzw. Spielsequenzen geprägt, die teilweise endlos wirkten. Am Anfang einer Stunde fragt sie mich einmal verhältnismäßig ruhig, ob ich eine gewisse Figur kennen würde. Diese war mir tatsächlich bekannt, nur handelte es sich in meiner Vorstellung um eine sehr weise und heldenhafte Gestalt. Von ihrem Objekt wiederum habe sie auf dem Schulhof erfahren, fährt das Mädchen nun sichtlich aufgeregter fort. Schließlich habe sie danach »gegoogelt«. Seitdem »verfolgt« diese Figur sie mit ihren »Riesenaugen«, wobei meine Gegenübertragung während meiner anschließenden Recherche gleichsam von Unbehaglichkeit und Erschrecken geprägt ist. Die Patientin insistiert daraufhin, ob ich denn, wie scheinbar von mir mehrmals angesprochen, solche Gestalten nicht »wegmachen« könne. Eingehend auf ihre nun zuordenbare Anspannung und Angst, spreche ich diese Gefühle strukturstärkend an und sage, hier ja noch nur von meiner assoziativen Phantasie ausgehend, dass solche Figuren »wirklich unheimlich« sein können. Gleichzeitig beschäftigt mich ihre Aussage bezüglich meiner Ankündigung des

Weg- bzw. Ungeschehen-Machens, die beinahe wie ein Versprechen klang und bei der ich mir ziemlich sicher gewesen bin, dies so nie ausgesprochen zu haben. Dies verunsicherte mich zunehmend und in mir kamen Schuldgefühle und Ärger auf. Diese Gegenübertragungsdynamik ist für die Begegnungen mit diesem Mädchen nichts Außergewöhnliches gewesen. Im Gegenteil gestaltete sich dieses Beziehungsgeschehen mit wiederholten heftigen Empfindungen meinerseits häufig. Es bildete mitunter das innerpsychische Geschehen der Patientin ab, welches psychodynamisch arbeitenden Kindertherapeuten wohlbekannt sein dürfte.

Hervorheben möchte ich mit der Anführung dieser Begebenheit die unmittelbar folgende Äußerung des Mädchens, als sie mich nun fragte, ob ich »Kryonik« kenne. Nachdem ich den Ausdruck zunächst akustisch nicht verstehe (oder dynamisch: nicht verstehen kann), bekomme ich eine Ahnung, was sie meinen könnte, und frage, wie sie denn jetzt darauf komme. Ihre Mutter interessiere sich sehr dafür, antwortet sie ungewöhnlich ruhig. Die Patientin schildert mir in erstaunlich sachverständiger Art weiter, dass es dabei um das Einfrieren des Körpers nach dem Sterben gehe, wobei mich ihre immer realistischer erscheinende Beschreibung gegenübertragend regelrecht ansteckt. Ihre abschließende Erklärung über den zugrundeliegenden Plan, den Menschen in der Zukunft »wiederzubeleben«, ist wiederum von deutlichen Zweifeln umweht, und es macht sich eine angespannt-schwermütige Atmosphäre breit.

Obgleich sich hier natürlich zahlreiche psychodynamische Verständnisstränge heranziehen lassen, möchte ich den vermeintlich einfachen Hinweis des Mädchens betonen. »Wir werden sterben und das macht mir Angst«, war mein sich anbahnender Gedanke dabei. Es war aus meinem aktuellen Empfinden heraus nicht angemessen, aber auch nicht notwendig, ihr das in diesem Moment zu deuten. Die nachhaltig wahrnehmbare Beruhigung im Raum und die damit einhergehende Resonanzerhöhung zwischen uns sprachen für ein gemeinsames Berührt-Sein von diesen namenlosen Bereichen. Auf die Bedeutung dieser Ebenen für die praktische psychodynamische Arbeit wird im Weiteren noch eingegangen.

1.1 Der Tod in seiner allumfassenden Gestalt

Jeder psychotherapeutisch Tätige, egal ob mit Kindern, Jugendlichen oder Erwachsenen kennt die unbändige Macht des – traumatischen – Wiederholungszwanges. Dieser scheint einen zentralen Bewältigungsmechanismus des Menschen darzustellen und das Urtrauma ließe sich in höchst vereinfachender Form als »der einströmende Tod von außen« bezeichnen. Das menschliche Wesen ist von Anbeginn *gezwungen*, auf diesen Einfluss mit den ihm zur jeweiligen Lebensphase zur Verfügung stehenden Möglichkeiten zu reagieren. Besonders bei dem für die Psychoanalyse so zentralen Mythos von König Ödipus werden diese urexistenziellen Dimensionen deutlich. Die Sage ist mit ihrem Beginn vom Töten und Getötet-Werden durchzogen und besonders der Lebensanfang des Protagonisten ist von seiner Opferung zum Sterben geprägt, da von seinen Eltern bzw. seinem Vater etwas Universales nicht ausgehalten werden kann.

Auch wenn es heute gelegentlich in Vergessenheit zu geraten scheint, ist die Psychoanalyse ursprüngliche Traumatherapie. Neben Freud hat dabei vor allem Ferenczi den Weg zu sehr fruchtbaren Gedanken- bzw. Therapiemodellen eröffnet (vgl. Ferenczi, 1933). Er fragte sich bereits damals, was denn das eigentlich Traumatische sei: »ein Angriff oder seine Folgen?« (Ferenczi, 1988, S. 239), wobei ich mich hier ausschließlich auf die thanatologische Komponente konzentriere. Der Begriff »Trauma« stammt ursprünglich aus dem medizinisch-physischen Bereich und bezeichnet eine »Wunde« bzw. »Verletzung«, die von äußerer Einwirkung herrührt und den Organismus schädigt. Freud hat den Terminus auf das psychische Spektrum übertragen und seine Betrachtungsweise kann auch heute als allgemein akzeptierte Definition gelten. Es geht um eine »plötzliche Reizüberflutung«, die den seelischen Apparat mit dem Zustand von »totaler Hilflosigkeit« konfrontiert (Freud, 1920). Kindlich einfach ausgedrückt, schaut man in diesen Zuständen dem Knochenmann ins Auge oder gar in die Seele. Selbst bei zunächst unscheinbareren, aber durch ihre übergriffige Persistenz sehr beeinträchtigenden kumulativen Traumata kann in gewissem Sinn von einem »Seelenmord« bzw. -tod gesprochen werden. »Die vom Trauma betroffene Person kommt mit dem Tode in Berührung« (zit. nach Vogel, 2012, S. 122), hob Ferenczi hervor.

Besonders früh bzw. schwer traumatisierte Kinder und Jugendliche lassen die Therapeuten bzw. die sie begleitenden Menschen diese Todesnähe häufig spüren, indem sie ihre unaushaltbaren inneren Elemente in teilweise heftigster Form nach außen reinszenieren.

So sei beispielhaft ein dreizehnjähriges Mädchen erwähnt, dass mit zweieinhalb Jahren aus einem Waisenhaus in Südamerika adoptiert wurde. Dieses zeigte laut seiner engagierten und sehr besorgten Adoptiveltern zum Zeitpunkt unseres diagnostischen Kennenlernens neben einer leichten Entwicklungsverzögerung mit auffälligem Bindungsverhalten zunehmend ein sehr ungehemmtes aggressives Verhalten. Die Erfahrungen im Kinderheim konnten von den Eltern nur vermutet werden, wobei zahlreiche Anzeichen für desolate und depriviert-übergriffige Verhältnisse sprachen. Bereits in den ersten Begegnungen mit der Patientin demonstrierte sie mir regelrecht brutal, worum es ging. Alle Spielobjekte, sowohl Menschen- als auch Tierpuppen, wurden nach einer sehr kurzen Eingewöhnungsphase aufeinander losgehetzt und starben unzählige Tode. Mich erschraken und schmerzten besonders die Angriffe auf die Babypuppe, vor allem weil das Mädchen immer wieder demonstrierte, wie fürsorglich und zärtlich sie eigentlich mit ihm umzugehen versuchte. Sie gab mir wiederholt Anweisung, das Baby doch zu schützen, was jedoch jedes Mal scheiterte, wenn ich es probierte. Bezeichnenderweise machte die Patientin einen zunehmend gefühllosen Eindruck, während meine Gegenübertragungsaffekte Purzelbäume schlugen. Ich bemerkte schließlich mit Erschrecken, wie ich über die in mir untergebrachten und kaum zu strukturierenden Emotionen etwas von meiner innerpsychischen Ordnung zu verlieren schien. Das (Stunden-)Ende kam mir dabei wiederholt wie eine Erlösung vor.

1.1.3 Äußerer und innerer Raum

Wie sehr das humane Kind für eine gesunde Lebensgestaltung existenziell abhängig von der ihn versorgenden Um- bzw. Außenwelt ist, dürfte einsichtig sein. Bereits Freud hat sich konzeptionell und vereinzelt auch klinisch den Bezugs-»Objekten« des Menschenkindes gewidmet.

1.1 Der Tod in seiner allumfassenden Gestalt

Die Psychoanalyse und ihr vorwiegend trieborientierter Standpunkt ist in der Nachfolge essenziell von der Objektbeziehungs-, der Bindungs- und Selbstpsychologie ergänzt und nachhaltig geprägt worden (zur Vertiefung – auch über die allgemeinen Entstehungshintergründe der Kinder- und Jugendlichenanalyse – siehe u. a. Burchartz, Hopf & Lutz, 2016, in dieser Reihe). Dabei erscheint der in diesem Zusammenhang zunächst etwas ungewöhnliche Begriff des »Objektes« insofern stimmig, dass es nicht nur Menschen sein können, die in diesem relationalen Bereich Relevanz haben können. Darüber hinaus soll damit modellhaft verdeutlicht werden, dass die Zwischenmenschlichkeit vom äußeren Erleben *und* dem inneren Seelengeschehen geprägt ist. Grob umrissen spricht man psychodynamisch von Internalisierungen der außerpsychischen Einwirkungen. Inkorporation, Introjektion und Identifizierung bilden hierbei entwicklungschronologisch die entsprechenden Prozesse, während reziprok von projektiven Mechanismen ausgegangen wird. Intrapsychische Dynamik bedeutet auf dieser basal-existenziellen Ebene die unablässige Dichotomie zwischen Erfahrungen des Weg- bzw. Nicht-Seins und der hierzu lebensnotwendigen Internalisierungen, um diese Verlusterlebnisse aushalten zu können. Sehr nachhaltig hat dies bereits Freud in der mitfühlenden Beschreibung des Garnrollenspiels seines Enkels zum Ausdruck gebracht (Freud, 1920). Das allseits und über alle Kulturen bekannte »Guck-Guck-Da«- bzw. »Peek-a-boo«-Spiel bewegt sich in diesen archaischen Strukturen, wobei das ursprüngliche »Guguus/dada« etymologisch am ehesten »lebendig oder tot« entspricht (Bürgin, 1978, S. 45).

So formt sich im Laufe des Lebens über die Objektrepräsentanzen, die als individuell verinnerlichte Abbilder der Bezugswelt gesehen werden, die Selbstrepräsentanz, also das Bild seiner selbst. Dieses Selbst und mit ihm seine gesamten Weltobjekte sind von Anbeginn von Vernichtung, Auslöschung und Nicht-Sein umgeben. In anderen, durchaus psychoanalytischen Worten: Das Leben ist von Beginn an – auf traumatische Weise – vom Tod bedroht. Der im Laufe der Entwicklung etablierte innere Selbstraum droht inständig verloren zu gehen. Thanatologisch betrachtet geht es um die nicht unerhebliche kindlich-einfache Frage, ob der Tod von außen kommt oder ob er sich von innen nähert.

1 Anfang und Ende

Existenzieller Dialog des Lebens

Klüwer drückt mit seinem etablierten Begriff des »Handlungsdialoges« im klinisch- psychodynamischen Zusammenhang sehr treffend aus, wie sich Patient und Therapeut unbewusst handelnd aufeinander beziehen und sich dabei »dialogisch handelnd« verständigen (Klüwer, 1983, S. 838). Dem Analytiker kommt dabei im therapeutischen Raum die Aufgabe zu, diese unbewussten Inszenierungen so weit als möglich zu erkennen und gemeinsam mit dem Patienten in förderliche und gesunde Bahnen zu lenken. Auf todesdynamischer Ebene als therapeutisch essenziell betrachte ich hierbei die gleichsame Beachtung sowohl der eigenen Anteile im unausweichlichen Mitagieren des Analytikers als auch seine diesbezüglichen Erkenntnisgrenzen.

Im Grunde ließe sich wohl jedes kindliche Spiel und Agieren ebenso wie alles erwachsene Treiben, Getrieben-Sein und Handeln im Leben als ein *existenzieller Dialog* im Angesicht des Todes bzw. der eigenen Sterblichkeit verstehen. Dieser innere und äußere Dialog lässt sich gewissermaßen als Essenz des menschlichen Lebens von Beginn an verstehen: Bin ich aktiver Schöpfer meiner Lebenswelt oder bin ich ihr passiv ausgeliefert? Und vor allem: Wer oder was gibt dem ganzen Bedeutung?

Anders formuliert geht es um das ethische Menschheitsenigma, das die Psychoanalyse in ihrer Erforschung der seelischen Urgründe des Menschen seit jeher begleitet: Tragen wir in uns unabhängige kreativ-schöpferische und damit gute Kräfte, die es uns – gerade im Angesicht unserer Sterblichkeit – ermöglichen können, ein reiches Leben zu führen, oder sind wir bzw. unsere Ichs – gleichfalls im Hinblick auf die Vergänglichkeit – vorwiegend triebgeleitete bzw. angstgesteuerte Wesen mit egoistisch-bösen bzw. animalischen Überlebensinstinkten?

Eine zumindest annähernde Auseinandersetzung mit dieser Grundthematik und der Frage nach dem eigenen Menschenbild erachte ich als wesentliche Voraussetzung für die Etablierung einer angemessen gesunden, psychotherapeutischen Haltung. Todesdynamisch schwingt in jeder therapeutischen Begegnung, insbesondere mit Kindern und Jugendlichen, die implizite Frage mit, welche Position man hier als aushaltendes Gegenüber einnimmt.

1.1.4 Der Trieb zum oder die Angst vor dem Tod und aggressive Lebensenergie

Dieser zentrale Konfliktaspekt, begleitet von der Frage nach dem Ursprung der menschlichen Angst und Aggression, beschäftigt die Psychoanalyse also seit ihren Anfängen. Bei ihrem Begründer mündet dies schließlich in seinem pessimistisch geprägten Spätwerk »Das Unbehagen in der Kultur«, in welchem ein wahrhaft düsteres Bild der menschlichen Seelenwelt gezeichnet wird. Freud gemahnt den Menschen darin, sich seiner erschaffenen Kultivierung als auch seines vermeintlich überlegenen Narzissmus niemals zu sicher zu sein und sein Selbstbild immer wieder zu reflektieren. Hinshelwood wiederum hebt hervor, dass die Geschichte der Psychoanalyse die Geschichte des Versuchs sei, die zentrale Angst des menschlichen Daseins zu verstehen (Hinshelwood, 1991, S. 697).

Nimmt man nochmal Bezug auf den erwähnten Grundkonflikt des Lebens zwischen »Gut« und »Böse«, dann dürfte besonders aus klinischer Sicht eine synthetische Sichtweise hilfreich erscheinen: Es gilt wohl anzunehmen und im besten Fall lebensförderlich zu integrieren, dass beide »Mächte« mit uns sein mögen. Besonders den aggressiven Lebensenergien kommt im psychodynamischen Verhältnis zum Tod eine bedeutende Stellung zu. Hier haben u. a. Rank und im Anschluss Winnicott versucht, diese Kräfte auch in ihrer konstruktiven und überlebensförderlichen Bedeutung zu verstehen.

Die schier unermessliche Gewalttätigkeit von uns Menschen bedingt sich bei diesem Verständnis aus der noch gewaltigeren Todesangst und so ist es nicht nur Rank gewesen, der den Gegenpol zur humanen Todesangst im Mitleid und in der Liebe gesehen hat (vgl. Schopenhauer, Rank, Ferenczi, Winnicott, Balint). Aus dieser Perspektive ließen sich wohl auch alle Modelle der Bindungs- bzw. Objektbeziehungspsychologie als Erklärungsversuche verstehen, wie diese urexistenziellen Abläufe in der menschlichen Seele integriert werden können.

Aggression bzw. Aggressivität kann natürlich vielfältige psychodynamische Hintergründe haben. Was die Nähe der Aggression zu einer möglichen Urangst angeht, decken sich meine klinischen Erfahrungen sehr nachhaltig mit den Eindrücken zahlreicher Psychoanalytiker. Recht

1 Anfang und Ende

unabhängig davon, ob man Aggression als angeborene Triebkraft oder reaktive menschliche Energie betrachtet, sie scheint sich sehr zu verstärken, sofern die Ängste vor Vernichtung zunehmen. Karen Horney beispielsweise sah die Feindseligkeit und Zerstörungswut eines Kindes in direkt proportionalem Verhältnis zu seinem Gefühl, dass sein Überleben in Gefahr ist (in Yalom, 2000, S. 114). Die Aggression steht evolutionsbiologisch in engstem Verhältnis zur Angst und wenig scheint die Todesfurcht so sehr zu überdecken wie aggressives Gebaren. Rank schreibt: »Die Todesangst des Ich wird durch Tötung (Opferung) des andern gemildert, man kauft sich durch den Tod des andern von der Strafe des eigenen Sterbens (Getötet werden) los« (Rank, 2006, S. 436). Aus psychodynamischer Sicht des Todes-Triebhaften könnte man von einer Identifikation mit dem Tod als dem Uraggressor sprechen, während der unbändige Überlebensinstinkt den Kraftmotor des Seins darstellt.

Rank führt aus, dass es verschiedene Formen des »Mordes« gibt, genauso wie es verschiedene Arten der Selbsttötung (z. B. in den neurotischen Symptomen) gäbe. Rank benutzt angelehnt an Ibsen den Begriff des »Seelenmords« (ebd., S. 437), womit ein Ausnützen, ein Gebrauchen des anderen gemeint ist. Die Tötung braucht also nicht wirklich, sie kann symbolisch erfolgen, wie z. B. im ausgeprägten Entzug der Liebe oder im Verlassen einer Person. Diese »seelische Tötung« erfolgt häufig partiell, »sozusagen ein langsames Morden durch ständige Quälerei. Immer aber erfolgt es als Selbstschutz gegen die eigene Todesangst und nicht als Ausdruck eines primären Todeswunsches« (ebd.) In einer Fußnote weist er noch darauf hin, wie sich intrapsychisch der Todeswunsch gegen einen geliebten Menschen häufig als Ausdruck einer starken Bindung erweist, »die eben nur durch den Tod und nicht anders gelöst werden kann«.

Weitere psychodynamische Verstehensmodelle haben hierfür u. a. Klein und Winnicott mit ihrem Ansatz der »manischen Abwehr« gegeben. Dieser von Verleugnung und Omnipotenz geleitete Mechanismus wird zeitlebens vom Kind, aber phasenweise auch vom Erwachsenen zur Bewältigung der psychischen Vernichtungs-, Desintegrations- bzw. Verfolgungsängste benötigt. Während Winnicott hierbei die äußeren Umwelteinflüsse auf das kleine Kind betont, konzentriert sich Klein mehr auf die inneren Auslöser dieser Vorgänge. Sie vermutet dabei, dass die manischen resp. hypomanischen Abwehrmechanismen ursprünglich auf zwanghaften Abläufen gründen (Klein, 1997, S. 57).

In meinen diversen beruflichen Tätigkeiten mit Kindern und Jugendlichen habe ich immense und schier unbändige Aggressivität bzw. Aggression erlebt. Manche Erlebnisse und Situationen konnte ich dabei verstehen, manche nicht. Jeder im pädagogisch- therapeutischen Bereich Tätige dürfte zumindest partiell die Erfahrung gemacht haben, wie besonders die lautesten, provokantesten und aggressivsten Kinder bzw. Jugendlichen in entsprechenden Situationen sich als diejenigen mit dem labilsten Selbstbild und der größten Angst erweisen. Aus meiner ambulanten Praxis möchte ich hierzu einen zehnjährigen Jungen mit heftigster innerer Unruhe und massiv auffallendem Sozialverhalten erwähnen. Er schimpfte in unseren therapeutischen Begegnungen wiederholt sehr aufgebracht über den »Krampus«, eine Figur, die ich bis dato nicht kannte und die der Junge nachhaltig in unsere Beziehung eingeführt hat. Wie ich über seine Beschreibungen und teils durch eigene – von eindrücklichen Gegenübertragungsempfindungen begleiteten – Recherchen erfahren habe, handelt es sich um eine mythisch-archaische und furchteinflößende Figur aus dem mittelalterlichen Brauchtum, die heute noch in zahlreichen mittel- und osteuropäischen Ländern als strafendes Pendant des heiligen Nikolaus auftritt. Nicht zuletzt die fratzenhafte und lebensbedrohliche Erscheinung des Krampus macht seine Nähe bzw. Äquivalenz zum Bösen, Teuflischen und Tödlichen deutlich (vgl. Flasch, 2016). Hierin mag sich darüber hinaus die tiefe Verankerung des Rache- und Vergeltungsprinzips in uns Menschen widerspiegeln.

Dieses märchenhaft-mythische Objekt begleitete uns während der Therapie wiederholt und ich sprach es gelegentlich affektspiegelnd selbst an: »Du hast mir ja den Krampus vorgestellt. Da kann man schon ziemlich aufgebracht sein bei so einer Figur«. Neben seiner sichtlich berührten Freude, dass ich mich offensichtlich auch in seiner Abwesenheit mit ihm beschäftige, konnten wir uns darüber seiner emotionalen bzw. innerseelischen Konfliktwelt nähern. Dabei lag ein therapeutischer Schwerpunkt auf dem Aushalten seiner wiederholten spielerischen und auch konkreten Angriffe auf mich, was zur Durcharbeitung und beginnenden Erkenntnis führen konnte, dass er »manchmal selbst wie der Krampus« sei und sich dabei »richtig gut«, d. h. mächtig und stark fühle. Darüber wurde in einem langen Prozess auch eine Annäherung an seine immensen Schuld- und Trauergefühle möglich, die er mit seinem aufgeladen-aggressiven Verhalten bis dahin massiv abwehren musste. Biografisch bedeutungsvoll scheint, dass der Patient unter massiven psychosozialen Belastungsfaktoren mit enormer Vernachlässigung aufgewachsen ist und seine Mutter ihn ursprünglich abtreiben lassen wollte.

Dabei war von der ursprünglichen Existenzangst des Jungen, die das gesamte Geschehen grundierte, sowohl im direkten Kontakt mit ihm als auch in den Beschreibungen seiner Eltern oberflächlich so gut wie nichts zu spüren. Diese hatte sich dafür extrem verdichtet auf die Gestalt des Krampus verschoben. Darüber, dass er mir diesen »vorstellte« und seine tiefen Ängste projektiv in mir und dem therapeutisch-geschützten Raum unterbringen konnte, wurde es gewissermaßen möglich, eine gemeinsame »Vorstellung« dieser archaischen Symbolfigur zu erschaffen. Diese war zwar immer noch angsteinflößend, jedoch nicht mehr in überflutend schrecklichem Ausmaß.

Psychodynamisch höchst relevant erscheint, dass diese Überlebensenergien wie angeführt nach außen, also externalisiert, oder eben nach innen gekehrt bzw. internalisiert werden können. Dies manifestiert sich im externalen Modus in heftigster Ausprägung bei destruktionsgeneigten, stark dissozialen bis mörderischen Aktivitäten. Im internalen Modus können selbstverletzendes Verhalten, ausgeprägte Magersucht und schließlich suizidale Tendenzen bzw. Handlungen entstehen. Der Tod und seine Abkömmlinge werden quasi zu bewältigen versucht, indem man entweder jemanden Anderen – imaginär oder real – tötet oder indem man das Andere in sich tötet.

Bei diesen Gedanken bewegt man sich bereits sehr nah an Freuds dynamischem Todeskonzept, welches nun kurz beleuchtet werden soll.

1.1.5 Die Geburt der Psychoanalyse, ihr Begründer und der Tod

Mit dieser komprimierten Zusammenfassung von Freuds theoretischer Thanatologie geht es mir neben dem Einblick in die Wurzeln des psychodynamischen Denkens vor allem um das Herausschälen seiner menschlichen Attribute, auch jenseits des von ihm postulierten Todestriebes. Dies scheint gerade bei jemandem mit solch einem Kultstatus notwendig und hilfreich; über wenige Persönlichkeiten in der Historie ist so viel geschrieben worden wie über Sigmund Freud und bei nahezu keiner anderen wissenschaftlichen Disziplin ist die aktuelle Zitierausrichtung immer noch so stark an ihrem Begründer orientiert (vgl. Meyer, 2004, S. 13). Er selbst beschreibt seine Überlegungen zum Todestrieb als »Spekulation, oft weitausholende Spekulation, die ein jeder nach seiner besonderen Einstellung würdigen oder vernachlässigen wird« (Freud, 1920, S. 234).

Freuds gesamtes Werk beinhaltet in seiner Entwicklung eine enorm verdichtete, schier unerschöpflich wirkende Fülle, so dass es wohl selbstredend scheint, wie sehr dies im Laufe der Geschichte sowohl zu idealisierenden als auch zu kritisch-destruktiven Stellungnahmen, Rezensionen und Haltungen geführt hat. Freud hat etwas vollbracht, wovon jedes Kind – und insgeheim jeder Mensch – träumt, er hat sich unsterblich gemacht. Welche wahrhaft heroische und beinahe übermenschliche Repräsentanz er hinterlassen hat, lässt sich beispielsweise aus Stefan Zweigs Grabesrede deutlich erspüren (Zweig, 1989, S. 249).

Exemplarisch für Freuds unsicheres und damit natürliches Verhältnis zum – eigenen – Tod sei auf folgende Quellen hingewiesen: Während er in der »Traumdeutung« den Tod seines Vaters als den »schmerzlichsten Verlust im Leben eines Mannes« bezeichnet, schreibt er anschließend in einem Brief an Fließ, dass ihn das Leben nach dem Tod nicht im Geringsten interessiere. Selbst beim Tod seiner geliebten Tochter Sophie wird eine bewundernswerte, annehmend und stoisch anmutende Traurigkeit erspürbar (Schur, 1973, S. 394), dieselbe stoische und stolze Gelassenheit, die Freud selbst während seiner langjährigen Krebserkrankung an den Tag legte. Etwas anders fühlt es sich an, wenn man die Worte aus einem Brief nach dem Tuberkulosetod des fünfjährigen Sohnes seiner Sophie im Jahr 1923, seinem geliebten Enkel Heinerle, hört. Freud sagte, dass mit dem Tod von Heinerle etwas in ihm starb, von da an konnte er keine neuen emotionalen Bindungen eingehen. »Er bedeutete mir die Zukunft und hat so die Zukunft mitgenommen. (I)m Grunde ist mir alles entwertet«. Jones zufolge war es das einzige Mal, von dem bekannt ist, dass Freud geweint habe. »Ich habe noch nie eine Depression gehabt«, schrieb Freud darauf an Ferenczi, »aber das muss jetzt eine sein« (aus: Liebermann, 2014, S. 185–186).

In Freuds publizierten Arbeiten findet sich eine Vielzahl von Schriften, die sich mit dem Tod und dessen direkteren Ausläufern beschäftigen. Eine umfangreiche Übersicht gibt Max Schur, Freuds langjähriger Leibarzt, der ihn bis zu seinem Tod sehr nah begleitet hat und der es auch war, der Freud die erlösende Injektion Morphium nach seinem langen und qualvollen Krebsleiden verabreichte. Schur hat ein besonders aus emotional-atmosphärischer Sicht mehr als lesenswertes Buch über diese Begleitung verfasst. In seinem Werk »Sigmund Freud, Leben und Sterben« beschreibt er einfühlend und mit bewundernder Hochachtung Freuds Einstellung eben hierzu und meint: »Freud war zwar in der Lage, die Illusionen oder vielmehr die Täuschungen, die wir alle über den Tod hegen in aller Deutlichkeit darzulegen, aber er ließ es dabei nicht bewenden, denn das hätte hoffnungslosen Pessimismus bedeutet, eine Einstellung, die man Freud zu Unrecht vorgeworfen hat. Er unterzog diese Illusionen einer zugleich gelassenen und wissenschaftlichen, analytischen Bewertung« (Schur, 1973, S. 357).

Freud hat sich bekanntlich nicht davor gescheut, die Unzulänglichkeiten seiner Gedanken offenzulegen und seine Ansichten bei erfahrungsrelevantem Bedarf – auch drastisch – zu ändern. So richtet er u. a. in »Totem und Tabu« seinen Blick aus anthropologisch-ethnologischer Sichtweise auf den »primitiven Menschen«. Er sieht eine unglaublich tiefgehende innere Ambivalenz des Frühmenschen gegenüber den Toten:

»Nicht das intellektuelle Rätsel und nicht jeder Todesfall, sondern der Gefühlskonflikt beim Tode geliebter und dabei doch auch fremder und gehasster Personen hat die Forschung des Menschen entbunden. Aus diesem Gefühlskonflikt wurde zunächst die Psychologie geboren« (Freud, 1915a, S. 53–54).

1.1 Der Tod in seiner allumfassenden Gestalt

Er gelangt in zeitgeistiger Anlehnung an seine triebdynamische und patriarchische Ausrichtung zu dem Schluss, dass sowohl die menschliche Phylo- als auch Ontogenese von der Ermordung des Urvaters durch die Söhne der Urhorde bestimmt sei. Freud bezeichnete diesen Mord in einer recht kühnen These als »Haupt- und Urverbrechen der Menschheit wie des Einzelnen« (Freud, 1928).

Freud erkannte in seinen Untersuchungen u. a. von Träumen weiter, dass das menschliche Unbewusste nach gänzlich anderen Mechanismen zu funktionieren schien, wie das (Vor-)Bewusste. Er kam so zur Differenzierung zwischen dem Primär- und dem Sekundärprozess, wobei das Primärprozesshafte mit seiner Zeitlosigkeit, Widerspruchslosigkeit, Verschiebung, Verdichtung und die Ersetzung der äußeren durch die innere Realität gekennzeichnet ist (vgl. Freud, 1915b, S. 146). Wo also keine Vorstellung von – linearer – Zeit, da könne es auch keine Repräsentanz von Endlichkeit geben. Damit gelangte er zu der Einsicht: »Im Unbewussten ist jeder von uns von seiner Unsterblichkeit überzeugt« (Freud, 1915a, S. 49).

Schließlich postulierte Freud in »Jenseits des Lustprinzips« den berühmt-berüchtigten Dualismus vom Lebens- und vom »stummen, aber mächtigen Todestrieb« (Freud, 1923, S. 325), wobei Letzterem unter Aufhebung jeglicher Triebspannung die Funktion zukomme, zum »Anorganischen« zurückzukehren, also dorthin, wo das Leben ursprünglich entstanden sei. Während Eros, also der Lebenstrieb, dabei verbindend und lebenserhaltend fungiert, steht Thanatos, der Todestrieb, für alles Zerstörerische und Vernichtende im Leben. Freud betont hierbei nachdrücklich den Antagonismus dieser beiden Triebe, wobei seelische Gesundheit und schlussendlich auch gesellschaftlicher Frieden vom bestmöglichen Gleichgewicht dieser beiden Kräfte abhängen. Bis zuletzt verteidigt Freud seine Todestriebhypothese und auch die Vermutung, dass »die Todesangst wie die Gewissensangst als Verarbeitung der Kastrationsangst aufgefasst werden« könne (ebd.).

Freud ordnet somit die Todesangst in Differenzierung zur Realangst in gewissem Sinne der neurotischen Angst zu und ist der Überzeugung, dass sie sich erst relativ spät in der menschlichen Entwicklung bildet. Razinsky pointiert Freuds »death drive« in seiner Arbeit »Freud, Psychoanalysis and Death« als »driving death away« (Razinsky, 2012, S. 131)

1 Anfang und Ende

und er fasst kritisch zusammen, wie in der Psychoanalyse als tiefsinnigste und komplexeste Theorie der menschlichen Natur ein wesentlicher Aspekt des Lebens, der Tod, kaum beachtet werde (ebd., S. 281). Der schon genannte und in Teilen an Wilhelm Reich orientierte Psychoanalytiker De Marchi positioniert sich dabei folgendermaßen:

»Denn wenn es wahr ist, dass die Neigung des Menschen, sich und anderen furchtbares Leid aufzuerlegen, häufig Folge einer vergifteten Gesellschaft ist, so ist aber ebenfalls wahr, dass es etwas viel Schrecklicheres gibt als den Todestrieb, wie ihn Freud angenommen (...) hat: Es gibt den Tod, die Angst vor dem Tod und, beim Menschen, das Bewusstsein vom Tode«.

Und weiter fragt sich De Marchi:

»Aber wo ist der Tod, als diese für das menschliche Leben spezifische, beängstigende Gegenwart, in den Theorien von Freud, von Reich und ihrer orthodoxen oder häretischen Nachfolger? Es gibt ihn nicht. Er ist verdrängt worden, und zwar nach einem Mechanismus, den Freud und Reich für andere beängstigende und unerträgliche Gefühle genau untersucht haben. Die größte aller Ängste, die Angst zu sterben, haben sie nicht wahrgenommen« (De Marchi, 1988, S. 16–17).

Dem entgegensetzend sei resümierend hier nochmals Schurs Werk vom »Leben und Sterben« Sigmund Freuds erwähnt, bei dessen Lektüre mit den vielen zitierten Hinweisen und Passagen aus Freuds Biografie sowie seinen Werken bzw. Briefen ein differenziertes und tendenziell anderes Gefühlsbild von Freuds Todesbeschäftigung entsteht. Schur fasst zusammen, wie Freuds Formulierungen des Todestriebes und des Wiederholungszwanges zum Teil durch die unaufhörliche Bemühung determiniert waren, »seinen zwanghaften Aberglauben durchzuarbeiten und mit dem Todesproblem fertig zu werden, indem er den Tod als wissenschaftliches Problem behandelte« (Schur, 1973, S. 409). Des Weiteren ist selbstverständlich auch beim Begründer der Psychoanalyse ein anamnestisch-psychodynamischer Hintergrund zu beachten und so vermutet nicht nur Schur, wie Freuds Sicht auf das Leben, den Tod und die Postulierung des Todestriebes von seinen bereits angedeuteten biografischen Lebensumständen und Verlusterlebnissen, auf die hier nicht näher eingegangen werden kann, zumindest mit beeinflusst worden sein muss.

Und schließlich bezieht sich Schur auf ein Zitat aus »Jenseits des Lustprinzips«, in welchem Freud vom »Glaube[n] an die innere Gesetz-

1.1 Der Tod in seiner allumfassenden Gestalt

mäßigkeit des Sterbens« als eventueller Illusion spricht. Schur fragt sich, ob vielleicht mehr als nur Trost in diesem Glauben liegen könnte, ein Wort, das Freud übrigens sehr selten benutzte.

»Die mächtigste Triebkraft in dem Wissenschaftler Freud war sein Wunsch nach Erkenntnis. Könnte es sein, dass die Aufdeckung eines Todestriebes es Freud buchstäblich erlaubte, mit der Realität des Todes zu *leben*, insbesondere mit der weiteren Unterstützung durch seine gleichzeitige Erschaffung des Eros allein durch die Allmacht der Gedanken?« (ebd., S. 396).

Schur erinnert an die Moiren, die Schicksalsgöttinnen aus »Das Motiv zur Kästchenwahl«, die unerbittlich über die notwendige Ordnung im Menschenleben wachen würden.

»Freud äußerte dann, dass die Menschen den vollen Ernst des Naturgesetzes erst wahrnahmen, als sie ihm ihr eigenes Selbst unterwerfen mussten, und dass der Mensch den Tod zu überwinden versuchte, nachdem er ihn verstandesmäßig erkannt hatte. (…) Wir dürfen deshalb (…) sagen, dass der Mensch mit der verstandesmäßigen Anerkennung des Todes hoffen darf, zwar nicht den *Tod*, aber seine *Todesangst* zu überwinden« (ebd., S. 396–397).

Zusammenfassung

Die bewusste Menschheit wird seit ihrer Entstehung in höchstem Maße vom Tod und seiner Dynamik umgetrieben. Die Psychoanalyse interessiert sich gleichfalls seit ihren Anfängen für die Grenzebenen zwischen dem Sein und dem Nicht-Sein bzw. für das, was *wissbar* und *unwissbar* ist.

Freud und viele Psychoanalytiker nach ihm gehen dabei von dem Ansatz aus, dass die individuelle psychische Entwicklung jedes Einzelnen in gewissem Umfang analog zum stammesgeschichtlichen Verlaufsprozess der gesamten Menschheit verstanden werden kann. Damit kommt insbesondere der Frühzeit (phylogenetisch) bzw. der – frühen – Kindheit (ontogenetisch) entscheidende psychodynamische Relevanz zu. Bezieht man diese Prämisse auf die thanatologische Ebene, dann eröffnen sich vielschichtige und gewichtige Bedeutungsräume, gerade auch im psychotherapeutischen Kontakt mit Kindern und Jugendlichen.

> Viele psychodynamische Konzepte können dabei auch in ihrer todesdynamischen Qualität betrachtet werden. Mit dieser Haltung lässt sich das vertraute Konzept des therapeutischen Handlungsdialoges um eine existenzielle Dimension erweitern. Darüber kann es annähernd möglich werden, Übertragungs- und Gegenübertragungsabläufe – auch jenseits von todestriebhaften Elementen – auf einer integrativ-dynamischen und damit urmenschlichen Ebene zu erfassen. Genauso wie der Begründer der Psychoanalyse kommt dabei jeder Mensch an seine Grenzen.

Vertiefende Literatur

Ariès, P. (1980). *Geschichte des Todes.* München, Wien: Carl Hanser.
De Marchi, L. (1988). *Der Urschock.* Darmstadt: Luchterhand.
Freud, S. (1912/13). *Totem und Tabu.* Studienausgabe Band 9. Frankfurt a. M.: Fischer.
Schur, M. (1973). *Sigmund Freud. Leben und Sterben.* Frankfurt a. M.: Suhrkamp.
Türcke, C. (2009). *Philosophie des Traums.* München: C. H. Beck.

Weiterführende Fragen

- Warum erscheint es unter entwicklungs- bzw. psychodynamischen Gesichtspunkten bei Annäherung an todesrelevante Ebenen wenig hilfreich, von ausschließlich trieb- oder objektdynamischen Modellen auszugehen?
- Gibt es so etwas wie eine Urangst im Menschen?
- Welchen therapeutischen Sinn macht eine – persönliche – Auseinandersetzung mit diesen archaischen Bereichen?

1.2 Mythische Annäherung an den Tod

Ein basal- hilfreiches Bewältigungsinstrument bei der Auseinandersetzung mit den Todessphären bilden für den Menschen seit jeher mythische Geschichten und deren Vermittlung. Die Mythen nehmen einen ursprünglichen und bis heute kaum zu überschätzenden Stellenwert im Leben der Menschen ein (vgl. u. a. Lutz, 2016, in dieser Reihe).

Genau betrachtet ist eine exakte Differenzierung zwischen Mythos und Geschichte alles andere als eindeutig und niemand vermag genau zu definieren, was ein Mythos ist. Nähert man sich ihm an, so wird deutlich, dass der Mythos eine Erzählung mit höchstem Symbolgehalt und versöhnend-therapeutischem Narrativ war und ist, der die Welt in ihrer materiellen *und* spirituellen Beschaffenheit zu erklären versucht. Mythen setzen dort an, wo es keine Worte und Begrifflichkeiten zu geben scheint, sie setzen sich mit dem Unfassbaren, aber auch Faszinierendem auseinander, mit dem, was über den Logos hinausgeht. »Ein Mythos ist also wahr, weil er wirkt, nicht weil er uns faktische Informationen liefert« (Armstrong, 2005, S. 15). Wie bereits angeführt, bezeugen schon die erforschten Funde der Frühmenschen mit ihren Grabvorrichtungen samt Opfergaben als auch die ältesten bekannten Wandmalereien den existenziellen Bedeutungsgehalt der Mythen vor dem universalen Hintergrund der Todeserfahrung und dem Schrecken des Nicht-Mehr-Seins. Sie erwachsen beinahe immer aus der Erfahrung des Todes und der Angst vor Auslöschung in Verbindung mit einer ausschließlich übernatürlichen, ja magischen Erklärung. Mythen handeln vom Unbekannten, von Grenzbereichen und von Dingen, für die wir anfangs keine Worte haben (ebd., S. 9).

Freud und zahlreiche Psychoanalytiker nach ihm haben dem Mythos bekanntlich einen zentralen Stellenwert im menschlichen Dasein und in ihren Theorien eingeräumt. Freud beispielsweise ging es um »endopsychische Mythen«, die er wie folgt versteht:

> »Die unklare innere Wahrnehmung des eigenen psychischen Apparates regt zu Denkillusionen an, die natürlich nach außen projiziert werden und charakteristischerweise in die Zukunft und in ein Jenseits. Die Unsterblichkeit, Vergeltung, das ganze Jenseits sind solche Darstellungen unseres psychischen Inneren ... Psycho-Mythologie« (Freud, 1912/13, S. 289).

1 Anfang und Ende

Eine umfassende und erschöpfende Aufstellung der Weltmythen ist natürlich nicht nur für das vorliegende Buch unerreichbar, es erscheint generell vermessen und nicht menschenmöglich, den Mythos in seinem vollen Gehalt zu erfassen. Ich möchte aus todesdynamischer Sicht selektiv einige Mythen herausgreifen und mit teils praktisch-therapeutischer Nuance exemplarisch lediglich anreißen.

Bezüglich der oben angesprochenen Traumebene und dem erkenntnisdynamischen Aspekt der – inneren und äußeren – »Raumzeit« sei aus mythologischer Sicht kurz die faszinierende Kultur der australischen Ureinwohner erwähnt. Diese umweht bereits darin etwas Geheimnisvolles, dass sie bis zum 19. Jahrhundert nur mündliche Überlieferungen kannte. Auch Freud widmet ihnen in »Totem und Tabu« aus seiner triebhaft-inzestbezogenen Sichtweise einigen Raum.

Die Aborigines denken und sprechen von einer »Traumzeit«, die allerdings wenig mit unserem gängigen Verständnis von Traum, aber wohl auch Zeit zu tun hat. Vielmehr ist der Ausdruck metaphorisch zu verstehen, der ursprüngliche Begriff beinhaltet Bedeutungen wie »aus der eigenen Ewigkeit entstanden«, »unsterblich«, »unerschaffen« und, davon abgeleitet, so viel wie »ewige Dinge zu sehen oder zu träumen« (Craan in Türcke, 2009).

Ein sechsjähriger, sehr lebendig und teilweise getrieben wirkender Junge mit erheblichen biografischen Belastungsfaktoren erzählt mir in einer unserer Stunden aus dem ersten Therapiedrittel auf Nachfrage einen Traum aus der gestrigen Nacht. Auf meine anschließende Deutung kann er überraschend ruhig eingehen und meint darauf rührend: »Da träum ich nochmal drüber nach!«

Weiter sei auf einen zentralen hellenistischen Schöpfungsmythos hingewiesen, der gerade in der analytischen Arbeit mit Kindern und Heranwachsenden bezüglich eines Verständnisses der Todesdynamik im Sinne einer Endlichkeit des Seins viel Gewicht haben dürfte: Gemeint sind die Gottesgestalten Chronos und Kairos. Diese stehen sehr vereinfacht formuliert für ein unterschiedliches Zeitempfinden, Chronos für den quantitativen Zeitverlauf mit all seinen Erfahrungen, Kairos für das »Jetzt«, den Moment, den rechten Zeitpunkt. Burchartz hat die Ebene der menschlichen bzw. kindlichen Zeitdimension unter dem Gesichtspunkt des zyklischen und linearen Zeiterlebens dargelegt (Burchartz in Hierdeis, 2014) und hervorgehoben, wie sich das subjektive Zeitempfinden eines Kindes sehr nah am zyklischen Zeiterleben bewegt, in dem Anfang und Ende von Ereignissen kreisförmig verbunden sind bzw. ineinander übergehen. Erst später in der Entwicklung komme das lineare Zeitverständnis hinzu, welches das zyklische sowohl überlagere als auch verdränge. Der Ablauf der Ereignisse folge nun dem Kausalitätsprinzip, Anfang und Ende werden als eindeutig getrennt erlebt und Zeit ist dabei per Definition begrenzt.

Eine Szene aus der Begegnung mit einem zwölfjährigen, von Wasch- und Grübelzwängen verfolgten und allgemein sehr unnahbaren Mädchen, das während ihres stationären Psychiatrieaufenthaltes in einem unserer Austausche plötzlich aufgebracht meint: »Zeit, Zeit, Zeit! Ihr immer mit eurer Zeit! Manchmal glaub ich, die Zeit, die gibt's gar nicht.«

Das älteste heute bekannte und erhaltene Schriftdokument ist die Gilgamesch-Sage, die ungefähr dem zweiten Jahrtausend v. Chr. zugerechnet wird, wobei Gilgamesch u. a. mit »derjenige, der die Tiefe sah« übersetzt wird. Es handelt sich um ein episches Gedicht auf Tontafeln, was bezeichnenderweise gleichzeitig die erste Aufzeichnung darstellt, die sich mit der humanen Problematik der Sterblichkeit auseinandersetzt. Es beschreibt die Erlebnisse des gleichnamigen, sehr mächtigen und potenten Königs sowie dessen geheimnisvollen Gefährten Enkidu und handelt essenziell von der »verzehrenden Sehnsucht nach Unsterblichkeit, deren Quell die übermächtige Angst vor dem Tod ist« (Solomon et al., 2015).

Sehr vieles wird darin als – äußere und innere – Reise metaphorisiert, genauso wie in der berühmten Odyssee Homers, in der der Tod einen ständigen Begleiter des Helden und seiner Gefährten darstellt. Dabei scheint der Tod eine zutiefst abstoßende Wirkung zu verströmen. So erwidert Achilles, der grandiose Kriegsheld, als dieser von Odysseus als Gebieter des Göttlichen angesprochen wird:

»Preise mir jetzt nicht rühmend den Tod Odysseus. / Lieber möchte ich fürwahr dem unbekümmerten Meier, / Der nur kümmerlich lebt, als Tagelöhner das Feld bauen, / Als die ganze Schar vermoderter Toten beherrschen« (in Freud, 1915, S. 54).

Aus psychodynamischer Sichtweise dürfte interessant sein, dass das Epos ebenfalls eine neugierige bzw. dezent anziehende Wirkung des Todes beinhaltet: So bietet z. B die Göttin Kalypso Odysseus Unsterblichkeit für sein Verbleiben auf ihrer Insel an und Odysseus begibt sich direkt in die Unterwelt des Hades, wo er bemerkt, dass die Schatten der Toten fast völlig leblos sind. Erst als er sie mit Blut von Opfertieren nährt, kehrt in die Schatten (sog. Psyche) ein Schein von Leben zurück. Odysseus erkennt:

»(..) dies ist das Los der Menschen, wenn sie gestorben. / Denn nicht Fleisch und Gebein wird mehr durch Nerven verbunden, / Sondern die große Gewalt der brennenden Flamme verzehrt / Alles, sobald der Geist die weißen Gebeine verlassen, / Und die Seele entfliegt wie ein Traum zu den Schatten der Tiefe« (ebd.).

Nach Homer besitzt der Mensch eine sogenannte Atem-Seele, bestehend aus »Thymos«, dem sterblichen Geist, und »Psyche«, der unsterblichen Seele, die nach dem Ableben in die Unterwelt, ins Reich des Hades, schwindet. Dort spielt der bekannte Fluss »Styx«, das »Wasser des Grauens«, eine zentrale Rolle, wobei in den meisten Kunstwerken der Antike vor allem dieser Grenzfluss und der die Toten überfahrende Fährmann Charon bildnerisch dargestellt sind und beinahe nie das Totenreich selbst.

Mir ist dabei in zahlreichen Fällen aus der praktischen Arbeit mit Kindern beiden Geschlechts wiederholt aufgefallen, wie sich in mehreren verschiedenen Situationen besonders beim Aufbau und Spiel mit Figuren und Fahrzeugen dementsprechende Aufbauten und Szenen ergeben haben, in denen die »Hauptwelt« mittels imaginärem Wasser von etwas »Anderem« getrennt war. Auffällig oft ist dabei – auch in den gegenübertragenden Assoziationen – ein so lang wie möglicher Verbleib in der Vorbereitung bzw. in der Hauptwelt zu beobachten. Immer wieder ist auch ein Mittelsmann, ein Objekt auf bzw. in der Wasser- resp. Zwischenwelt erkennbar.

1.2.1 Märchen und der Tod

Die beispielhaften Anführungen abschließend, sei noch ein Augenmerk auf das Märchen und seinen mythischen Ursprung bzw. Hintergrund geworfen. Die umfangreiche tiefenpsychologische Interpretation bzw. therapeutische Nutzung von Märchen besonders bei Kindern hat eine lange Tradition (vgl. Lutz, 2016). »Und wenn sie nicht gestorben sind ...« ist die bekannte Schlussformel so vieler Märchen, und nichts charakterisiert besser den schwerelosen Schwebezustand des Märchens zwischen Wirklichkeit und Nichtwirklichkeit (Röhrich, 2002, S. 92). Die Formel verweist auf den glückseligen Zustand des Märchenhelden, für den es eigentlich keinen Tod zu geben scheint, zumindest nicht endgültig (ebd.)

Trotz langwieriger und kontroverser Wissenschaftsauseinandersetzungen lassen aktuelle Forschungen mit recht hoher Wahrscheinlichkeit vermuten, dass die klassischen, von den Gebrüdern Grimm systematisiert und verbreiteten Volksmärchen in ihrem chronologischen Ursprung viel weiter zurückreichen, als bisher angenommen. Der Anthropologe Tehrani und die Völkerkundlerin da Silva haben herausgearbeitet, dass die Grundgeschichten der überlieferten Märchen bereits vor vielen Tausend Jahren erzählt wurden, den wissenschaftlichen Untersuchungen nach wohl bis zu sechstausend Jahren zurückreichend! Ihr Ursprung liege im indogermanischen Sprach- und Kulturkreis, wobei das älteste Märchen eine eher unbekannte Erzählung mit dem Titel »Der Schmied und der Teufel« ist, die lediglich in der Erstausgabe der Grimm'schen Sammlung aufgeführt wird (Da Silva & Tehrani, 2016).

Dieses etwa 6000 Jahre alte Märchen handelt in seinem Grundkanon, wie unzählige andere Sagen und Geschichten auch, von der unvermeidlichen Sterblichkeit, der menschlichen Todesbewusstheit bzw. -abwehr und dem Versuch, durch einen Pakt bzw. einer List dem Tod zu entkommen. Offensichtlich scheint wie bereits beim Gilgamesch-Epos als ältester schriftlich festgehaltener Menschengeschichte auch bei den mündlich überlieferten Erzählungen eine Essenz beim Todesthema zu liegen.

> Die Bedeutung oder gar Kenntnis der klassischen Volks- und Kunstmärchen scheint aus meiner Erfahrung bei vielen Heranwachsenden zu schwinden und viele kennen sie lediglich aus den jeweiligen mo-

derneren Film- bzw. Animationsadaptionen. Dennoch wirken die Kinder – und auch die Jugendlichen – bei entsprechend bedeutungsvoller Heranführung an diese Geschichten sehr interessiert und zugänglich, weil eben die Grundaussagen aller dieser Urgeschichten basale existenzielle Themen berühren.

1.2.2 Der Mythos des Heros: Das Leben als Heldenreise

Das Zentrum aller klassischen, wie auch modernen Mythen und Märchen bildet laut Campbell die »Heldenreise«, der er in seinen sehr einflussreichen Arbeiten charakteristische und immer wiederkehrende Eigenschaften zuschreibt. Campbell erkennt nach umfangreichen Untersuchungen in allen mythisch-religiösen Gedankengebäuden einen »Monomythos«, eine universelle Grundstruktur, die unabhängig von kulturellem und geschichtlichem Hintergrund die Mythen durchzieht, wobei für Campbell die Mythen »von einer gefährlichen, durch mancherlei Hindernisse erschwerten Reise der Seele« erzählen (Campbell, 1953, S. 334).

Der Protagonist ist der Urheros, der nach einer lebhaften Entwicklung mit ambivalenten Verstrickungen, vielen enttäuschenden Rückschlägen und belastenden Verletzungen (»Traumatisierungen«) am Ende – einer äußeren und inneren Reise – sein Potenzial sowie sein Ziel verwirklicht und zum Helden aufsteigt. Damit erreicht er etwas über den Menschen Hinausgehendes und Überdauerndes, »unnötig zu sagen, dass der Held keiner wäre, wenn der Tod für ihn irgendeinen Schrecken hätte; die erste Bedingung ist Versöhnung mit dem Grab« (S. 326). Interessant in diesem Zusammenhang erscheint die Begriffsherkunft des Wortes »Protagonist«. Er ist im klassisch-antiken Verständnis ein »Erst-« bzw. »Vorkämpfer« in der Tragödie, und zwar im grundlegendsten Sinne: »Agonie« beschreibt die Qual bzw. den Kampf Sterbender.

Die Heldenreise ist ein zirkulärer, von äußeren und inneren Konflikten beherrschter Weg, den quasi jeder beschreitet. Sie umschribt in einer sehr symbolisch-traumähnlichen und vom Unbewussten geleiteten

1.2 Mythische Annäherung an den Tod

Sprache das Abenteuer vom Menschsein, der Suche nach dem Selbst sowie der Auseinandersetzung mit dem Unbekannten und schließlich dem Tod. Sie spiegelt allgemeine archaische Urerfahrungen wider, die kollektiv allen Menschen innewohnen.

Jeder kann quasi der Held seines Lebens sein und das Dasein meistern: das kleine Menschenkind, das sich in die Welt und auf seine Lebensreise begibt, genauso wie seine Mutter, die dabei ihr Leben riskiert, und sein Vater, der alle in seiner Macht stehenden Kräfte einzusetzen versucht.

Wenig vermag uns wohl so tief zu bewegen wie der Heros und seine unsterblichen Taten, wen oder was wir auch immer für heldenhaft halten.

Campbells Werke und sein Thema der »Heldenreise« haben viele namhafte Kunstschaffende zum Teil sehr stark beeinflusst, so ist z. B. das moderne Epos vom »Krieg der Sterne« mit seiner Erzählung vom archetypischen Kampf zwischen den guten und bösen Mächten des Kosmos direkt von dieser Heldenreise inspiriert.

Nicht zuletzt hierbei sollte deutlich werden können, wie sehr auch die gegenwärtige Welt, insbesondere die der Kinder und Jugendlichen, von modernen und lebensbedeutenden Mythen durchzogen ist. Neben den bereits erwähnten und im heutigen Lebensalltag eher unbedeutenden klassischen Mythen- bzw. Märchenerzählungen dominieren viele Fantasy-Sagen, romantische Geschichten sowie die zahlreichen Superhelden und Heldinnen aus den diversen Comic-Universen das kultische Geschehen der Kinder und Jugendlichen. Aber natürlich ließen sich hier unzählige weitere Geschichten auflisten, nicht zuletzt die der »Top-« bzw. »Superstars« aus Sport und Kunst und die dazugehörigen Storys.

Mit Campbell könnte man insgesamt die Behauptung aufstellen, dass jede nachhaltige Geschichte, die ihr Publikum erreicht, eine mythisch-existenzielle und psychodynamische Bedeutung hat. So kann sich psychotherapeutisch oftmals ein genauerer Blick auf die betreffende Medienlandschaft und deren Konsum lohnen, nicht zuletzt wegen der zutiefst bedeutsamen narrativen Komponente. Darüber lassen sich speziell mit Kindern und Jugendlichen konstruktiv-entwicklungsfördernde Annäherungen erreichen, besonders da man mit ihnen – existenziell bedeutsamer als bei Erwachsenen – quasi live dabei ist, wie ihre eigene Lebensgeschichte geschrieben bzw. von ihnen mit gestaltet wird.

Sehr viele Jugendliche erzählen mittlerweile viel aus den von ihnen mit Spannung und Enthusiasmus verfolgten bzw. »gesuchteten« Filmen und Serien, wobei sich im diesbezüglichen Übertragungsgeschehen die existenzielle Ebene und die Todesthemen häufig regelrecht anbahnen.

Beispielhaft sei ein junger Mann erwähnt, dessen beide Lieblingsserien weltbekannte Werke mit sowohl hohem Publikumserfolg als auch gewaltigem essenziellen Todesbezug waren. Der gegenseitige – zunächst recht abstrakte – Austausch darüber diente uns u. a. mithilfe seiner jeweiligen Projektions- bzw. Identifikationsprozesse als Übergang zu seiner vor längerem verstorbenen Mutter und somit zu einem ungleich emotionaleren Geschehen. Psychotherapeutisch stand somit zum einen die Aufarbeitung seiner – frühen – Konflikt- und Abwehrstrukturen im Vordergrund, wobei er sich zögerlich den Todesumständen seiner völlig unvermittelt verstorbenen Mutter und deren familiären Auswirkungen zuwenden konnte. Zum anderen hatte jedoch ein weiterer Entwicklungs- bzw. Genesungsaspekt grundlegende Bedeutung, dessen zentrale therapeutische Rolle – bei jeder Behandlung – nicht überbewertet werden kann: die Etablierung eines seelischen Rüstzeuges in Form eines insoweit gestärkten – heldenhaften – Selbstbildes, damit die Bewältigung des weiteren Lebensweges im Echo, aber auch im Angesicht des erlittenen und zu erleidenden Verlustes förderlich-schöpferisch zu gelingen vermag.

1.3 Alles ist dem Tod gewidmet

Ernest Becker, ein weiterer besonders in kulturell-intellektuellen Kreisen einflussreicher Kulturanthropologe, geht in seiner »Dynamik des Todes« noch einen Schritt weiter als Campbell. Er postuliert, dass jed-

1.3 Alles ist dem Tod gewidmet

wede Gesellschaft und Kulturleistung im Allgemeinen auf einem »heldenhaften« System beruhe und das Heroische »tiefer als alles andere hineinreicht in das Wesen der menschlichen Natur, weil es eben gerade auf dem physischen Narzissmus und dem Bedürfnis des Kindes nach Selbstachtung als *der* Basis seines Lebens beruht« (Becker, 1976, S. 28). Er schreibt mit essenzieller Betonung des menschlichen Narzissmus weiter:

> »Es ist irrelevant, ob nun das kulturelle Heldensystem als magisch, religiös und primitiv oder als weltlich, wissenschaftlich und zivilisiert auftritt. Es ist und bleibt ein mythisches System, in das die Menschen hineingeboren werden, um sich das Bewusstsein ihres primären Wertes, ihrer kosmischen Besonderheit, ihres endgültigen Nutzens für die Welt, ihrer nicht zu erschütternden Bedeutung zu erwerben« (ebd., S. 25).

Solomon et al. (2015) arbeiten hierbei an Becker orientiert in jahrelangen empirischen Felduntersuchungen heraus, wie der Mensch bewusst und vor allem unbewusst grundlegend von seiner Sterblichkeitsahnung beeinflusst und auch gelenkt wird. In ihrer sogenannten »Terror-Management-Theorie« gehen sie davon aus,

> »dass die Kombination aus biologischem Selbsterhaltungstrieb und hochentwickelten kognitiven Fähigkeiten dafür sorgt, dass der Mensch sich seiner permanenten Verletzlichkeit und seiner letztlich unausweichlichen Vergänglichkeit bewusst ist und dadurch in einem Zustand immerwährender Angst lebt« (ebd., S. 183).

Diese Grundangst werde dadurch in Schach gehalten, dass die kulturellen und somit humanen Weltbilder in Verbindung mit dem primär-narzisstischen Selbstwertgefühl den Menschen von seiner bedeutenden und sinnvollen Identität überzeugen sollen. Der Mensch sei somit trotz gewisser Modifikationen – unbewusst – immerzu damit beschäftigt, diese Weltbilder, Ideologien bzw. Repräsentanzen aufrechtzuerhalten und auch zu verteidigen, wobei Solomon et al. (2015) betonen, mit welch immenser Energie und unvorstellbar erschreckender Gewalt dies passieren kann. Die Forscher konnten in experimentellen Versuchen mit zahlreichen Probanden nachweisen, wie sehr sich das Verteidigen der eigenen Werte und Ideologien – unbewusst – verstärkte, wenn man zuvor in irgendeiner Art und Weise mit seiner Sterblichkeit konfrontiert wurde (ebd., S. 27 ff.). Psychodynamisch formuliert hieße das, dass die individuellen Abwehrmechanismen einen grundlegenden Bezug zur eigenen Sterblichkeit aufweisen. Werden unsere tiefsten und grundlegendsten Glaubensansichten in irgendeiner Form angegriffen und wir sind bedroht, diese gar zu verlieren, »dann ist alles, was von uns übrig bleibt, die verletzliche biologische Kreatur, die wir nun einmal sind« (ebd., S. 189).

Die beiden Wissenschaftler wurden hier eklektizistisch ausgewählt, sie beziehen sich in ihren Gedankengebäuden zentral auf die Psychoanalyse und Freud. Campbell entwickelt davon ausgehend seinen Schwerpunkt bei den Gedanken Jungs und dessen Archetypen, während Becker sich sehr an Rank und dessen existenzieller Sichtweise orientiert.

Ohne die absolutistische Haltung dieser Autoren voll übernehmen zu müssen, kann man sich aus diesem Blickwinkel den kindlichen, aber auch jugendlichen und natürlich erwachsenen Kulturhandlungen todes- bzw. psychodynamisch annähern und diese bei Bedarf abwehrbezogen betrachten. Unabhängig davon, ob es um das exzessive Abtauchen in Telekommunikation, Medien- bzw. Computerspielwelten, das Verherrlichen von Superstars, das Idealisieren politischer Gesinnungen, das Schwelgen in Verschwörungstheorien oder Gesundheits- bzw. Körperkulte geht, gleichgültig also um welches narzisstische Ideal es sich handelt, alles kann vom Hauch der Todesverleugnung umweht werden.

1.4 »Wo ist der Tod heute?« Der Sensenmann und seine moderne Gesellschaft zu Kindern und Jugendlichen

Nun lässt sich gesellschafts- bzw. kulturdynamisch allgemein feststellen, dass sich im Verlauf der geschichtlichen Epochen eine deutliche Veränderung im Umgang mit dem Tod eingestellt hat. Wurde er noch bis zum Mittelalter als greif- und erlebbarer Begleiter nahezu aller Menschen erlebt und von ihnen gottgläubig bzw. Mythen vertrauend akzeptiert, so hat sich dies insbesondere mit der Aufklärung und dem sich

1.4 »Wo ist der Tod heute?«

wandelnden Welt- und Menschenbild grundlegend modifiziert. Der sterbende Mensch und der Tod wurden dabei zunehmend als regelrechte Kränkung bezüglich einer sich immer mehr einstellenden Machbarkeits- bzw. Fortschrittsmentalität erlebt. Dadurch wurde das Sterben auch immer stärker sowohl aus dem gesellschaftlichen Leben verbannt als auch allgemein aus der geistig- psychischen Welt verdrängt. Ariès beschreibt die Dynamik dieses Wandels in folgenden Worten:

»Die alte Einstellung, für die der Tod nah uns vertraut und zugleich abgeschwächt und kaum fühlbar war, steht in schroffem Gegensatz zur unsrigen, für die er so angsteinflößend ist, dass wir ihn kaum beim Namen nennen wagen« (Ariès, 1980, S. 42).

Gerade auch Kinder und Jugendliche sind von diesen Veränderungen betroffen, etwa seit dem Ende des vorletzten Jahrhunderts wurden sie zunehmend ausgegrenzt, wenn es um die Auseinandersetzung mit dem Tod eines Familienmitgliedes oder Bekannten ging. Dies hat sich bis heute etabliert, und indem man die Kinder nicht belasten will, resultiert in vielen Fällen jedoch genau dies (Niethammer, 2008, S. 38–39). Dabei überdauert jedoch »das große Gespenst des universalen Todes, die allumfassende Schwärze« (James, 1997, S. 163) jede Epoche sowie ihre jeweilige Gedankenwelt und psychodynamisch betrachtet kann es nur um eine an den jeweiligen Kultur- bzw. Gesellschaftsumständen orientierte Todesabwehr- bzw. Bewältigungsarbeit gehen.

Das betrifft in unserer heutigen Zeit und Gesellschaft in höchst verdichteter Form den Tod eines – eigenen – Kindes bzw. den Gedanken daran. Es fällt vielen von uns wohl mehr als schwer, sich vorzustellen, dass dies nicht immer so gewesen ist bzw. in weiten Teilen der Erde heute noch ist. In vorindustriellen Zeiten war die Letalität von Säuglingen und Kleinkindern in der westlichen Welt hoch und das Sterben von Kindern gehörte sozusagen zum Alltag. In Europa beispielsweise nahmen im Mittelalter die Väter noch recht wenig Notiz von ihren Kindern, bis deren Überleben gesichert schien. Der Verlust einiger Kinder war in den vielköpfigen Familien noch vor etwa 100 Jahren beinahe selbstverständlich (Bürgin, S. 18).

Dies illustriert in sehr anrührender Weise Charles Dickens' klassische Geschichte »Ein Kind träumt von einem Stern« (Student, 1992), die

1 Anfang und Ende

sich mit ihrer emotional-phantasievollen Thematisierung der Todes- und Trauerauseinandersetzung durchaus als Kindererzählung eignet. Die Situation im Gesundheitswesen hat sich durch den medizinischen Fortschritt in den Industrienationen erfreulicherweise sehr verändert und Eltern können in unseren Breiten auf eine zuverlässige perinatale Versorgung zählen. Dabei könnte dies zumindest teilweise verdecken, wie existenziell und damit »todesnah« jede Geburt auch heute für alle Beteiligten ist. Nirgends verdichtet sich die Nähe zum Nicht-Sein potenzierter als in der Urdualität von Geburt und Tod, wobei dieses dynamische Zusammenspiel zwischen Anfang und Ende noch eingehender zu betrachten sein wird.

Diese Dynamik zeigt sich unter passenden Umständen und entsprechendem therapeutischen Fokus auffallend häufig in begleitenden Elterngesprächen. Wird es dabei möglich, sich gemeinsam an solche Wahrnehmungen und Empfindungen aus der frühen Zeit zu erinnern, dann bahnt sich beinahe ausnahmslos die existenzielle Dimension des Geburtsvorganges an. Können die Eltern dabei auch ihre angstbesetzten, entkräfteten und ambivalenten seelischen Anteile mitteilen, so können sich andeutende Hinweise in Bezug auf womöglich ähnliche Empfindungen des Babys als widerstandslösend und raumöffnend im therapeutischen Prozess erweisen. Nicht selten finden sich dabei Erinnerungsspuren von eigenen intensiven und überwältigenden Erfahrungen der Eltern aus ihrer frühesten Lebenszeit, welche gleichsam dynamischen Einfluss »als Gespenster aus der Vergangenheit« (Fraiberg, 1990, S. 142) auf das Neugeborene und seine Entwicklung haben können.

So dürfte der in unserer heutigen Gesellschaft verbreitete und sehr förderliche Sinneswandel in Bezug auf die liebevolle Wahrnehmung und Achtung des Kindes, seiner (Phantasie-)Welt sowie Bedürfnisse, auf der dynamischen Gegenseite die elterlichen Sorgen und Ängste latent potenziert haben. Unter anderem durch den angesprochenen Wegfall hilfreich-akzeptabler, kollektiver Werte- bzw. Glaubenssysteme besteht dabei die ernsthafte Gefahr, als Eltern resp. Kleinfamilie mit diesen Dingen alleine zu bleiben und sich überlastet zu fühlen. Bei wenigen

1.4 »Wo ist der Tod heute?«

Themen zeigt sich diese Überforderungstendenz der Erwachsenen wohl so deutlich, wie bei der Frage nach einem angemessenen Umgang mit den Kindern bezüglich des Todes und unserer Sterblichkeit. Während es dabei in unserer modernen Gesellschaft einerseits so viele Freiheiten, geistige Entfaltungsmöglichkeiten und verfügbares Wissen auch für Kinder und Jugendliche wie nie zuvor gibt, scheint der sich dem konservativen Wissen entziehende Tod eine regelrechte Zumutung darzustellen. Er wirkt u. a. durch den angesprochenen Fortschritt der modernen Medizin manchmal wie verschwunden. Andererseits werden die Menschen teils von frühester Zeit an vor allem in der gesamten Medienwelt mit unzähligen Todeseindrücken konfrontiert. Dabei dürfte nicht zu überblicken sein, wie viele Tote ein junger Mensch bis zu seinem 18. Lebensjahr gesehen und somit indirekt erlebt haben mag.

Ein Adoleszenter nannte diese medialen Einflüsse einmal »die Show des Todes«.

Psychodynamisch ist dabei nochmals hervorzuheben, dass wohl insbesondere die Welt der kulturellen Medien einen psychischen Sicherheitsabstand zum tödlichen Geschehen ermöglicht und somit wohl grundlegende Bedürfnisse stillt bzw. der unbewussten Regulierung gilt. Der Tod bleibt dabei abstrakt, er erscheint nah und doch so fern. Jedem dürfte diese innere Dynamik aus Angst und Faszination am Tod des Anderen bekannt sein.

Aus meiner praktischen Erfahrung mit Kindern wird die indirekte Erfahrung des Todes lediglich durch die unmittelbarere Konfrontation beim Tod eines Haustieres übertönt. Hierbei erleben die Kinder »den Tod noch live«, wie es der Vater eines Achtjährigen in einem Gespräch genannt hat. Dies kann häufig mitunter die erste Gelegenheit im Leben eines Kindes sein, sich intensiver und ertragreich mit dem Ableben zu beschäftigen und darüber in einen konstruktiven Dialog mit seinen Bezugspersonen zu kommen (vgl. auch Leyendecker & Lammers, 2001, S. 57), zumal die wenigsten Kinder und jungen Erwachsenen heutzutage einen toten Menschen zu Gesicht bekommen (ebd., S. 42).

1 Anfang und Ende

Hierbei lohnt ein Blick aus moderner wissenschaftlich-gesundheitssystemischer Sicht auf den Todeskomplex und die diesbezügliche Dynamik. Die schier uferlos erscheinenden Freiheiten unserer Gesellschaft, gemeinsam mit der unüberschaubaren Flut an Wissen, münden in der Notwendigkeit von Spezialisierungen. In allen möglichen Lebensbereichen haben sich Fachleute etabliert, um dem Leben einen beherrschbar erscheinenden Rahmen zu geben. Auf den Tod bezogen scheinen dies heute allem voran die Medizin und ihre naturwissenschaftlichen Teildisziplinen zu sein, zu denen ja zunehmend auch die Psychotherapie gezählt wird. Dabei wird, nicht zuletzt durch die enormen und unermesslich wertvollen medizinischen Fortschritte, die Tendenz erkennbar, die Grenzen dieser Disziplinen zu verkennen. Somit dürften Naturwissenschaft, Medizin und Digitalisierung inzwischen den Nimbus des Mythischen erlangt haben und alles scheint mit ihrer Hilfe möglich. Jüngste Entwicklungen wie z. B. die medizinischen Zukunftsverheißungen vom Aufschub bzw. gar der Eliminierung des Todes, die verlockenden Weiten der virtuellen Computerspielwelten oder die aufstrebenden künstlichen Intelligenzen lassen dabei projektiven Spielraum für unendliche, unsterbliche Dimensionen offen.

> Ein sechszehnjähriger, intellektuell sehr versierter und gleichzeitig aggressionsgehemmter und trauriger Jugendlicher erläuterte mir voller Ernst, wie es einmal möglich sein wird, seinen »Verstand online zu stellen«. Er präzisierte, dass es »in absehbarer Zeit« so sein wird, dass die Menschen ihre Gedanken und ihr gesamtes Wissen virtuell werden speichern können, und somit würde die Menschheit »tendenziell« ewig leben können. Auf meine Nachfrage hin, wie es denn dann mit den Gefühlen, den Empfindungen und unserem Körper aussehen wird, meint er energisch: »Verstehen Sie denn nicht! Genau die braucht man dann doch nicht mehr!«

Ohne den technisch-digitalen Fortschritt in seiner konstruktiven Kraft in Abrede stellen zu wollen, wäre hier mit Baumann nochmals an Fromm zu erinnern. Dieser gemahnte bereits vor vielen Jahrzehnten an die moderne »Nekrophilie«, wenn er schreibt:

1.4 »Wo ist der Tod heute?«

»Die Welt des Lebens ist zu einer Welt des ›Nichtlebendigen‹ geworden. Menschen sind zu ›Nichtmenschen‹ geworden – eine Welt des Todes. Symbolisch für den Tod sind nicht mehr unangenehm riechende Exkremente oder Leichen. Die Symbole des Todes sind jetzt saubere, glänzende Maschinen« (Fromm, 1984, zitiert aus Baumann, 1995, S. 104).

Diese »leblose Welt der totalen Technisierung« charakterisiert Fromm als die »Welt des Habens« und der »verfügbaren Objekte«, wobei der Mensch hiervon nicht ausgeschlossen sei. Er trete hier ebenfalls als Gegenstand auf, der dem Anderen als Objekt der Begierde oder des Gebrauchs dient. Nur je mehr der Mensch über den Anderen zu verfügen begehrt, ihn beherrschen will wie »einen toten Gegenstand«, umso mehr entferne sich das Ich vom Du. Hinter diesen Vorgängen stecke laut Fromm neben dem menschlichen Verlangen nach Besitztum und Macht hauptsächlich Angst, denn

> »mehr als alles andere befriedigt vielleicht der Besitz von Eigentum das Verlangen nach Unsterblichkeit, und aus diesem Grund ist die Orientierung am Haben so mächtig. Wenn sich mein Selbst durch die Dinge konstituiert, die ich habe, dann bin ich unsterblich, wenn diese unzerstörbar sind« (ebd.)

Wir können also festhalten, dass unser Tod wenig Platz zu haben scheint in einer von materiellem Besitz, Fortschritt und Klassifikation bzw. Normierung bestimmten Wissenschaftswelt. Besonders bei Heranwachsenden könnte ein Augenmerk darauf liegen, mit welch narzisstischem Kränkungspotenzial der Tod und insbesondere das Sterben in unserer Gesellschaft behaftet sein kann, wobei dies uns weiter unten bei der Auseinandersetzung mit kranker und gesunder Entwicklung noch beschäftigen wird.

Unerheblich wie vermeintlich vorbereitet man darauf scheint, der Tod bricht über uns herein und stellt das »Malheur« unseres Lebens dar, wie Aries ihn als »Unglück zur Unzeit« in seiner vielzitierten Geschichte des Todes nennt (Ariès, 1980). »Der Tod bleibt der Skandal allen Lebens« (Widmer, 2002) und die Einsicht in die wahre Verbindung von Kindern und dem »Schwarzen Mann« bleibt eine echte Herausforderung für die Erwachsenen, die sehr oft mit größter Verunsicherung einhergeht.

1 Anfang und Ende

> **Zusammenfassung**
>
> Zentralen Bewältigungscharakter in der Konfrontation mit der zunehmenden Bewusstwerdung der eigenen Sterblichkeit nehmen für die Menschen seit jeher Mythen, Legenden, Märchen und einfache Geschichten ein. Diese wurden von der Psychoanalyse bereits früh in ihrem basal anthropologischen Stellenwert erkannt und in ihr Denkgebäude integriert. Die Psychoanalyse selbst kann als solch ein Menschheitsmythos gesehen werden.
>
> Insbesondere das kindliche Seelenleben nimmt sich dieser mythischen Gestaltungs- und Spielräume an, wobei auch Jugendliche bei entsprechender Passung große Affinität zu diesen Bereichen zeigen. Hier kann sich psychotherapeutisch eine interessierte und offen zugewandte Haltung als beziehungs- bzw. behandlungsförderlich erweisen, schließlich erscheinen die entsprechenden Geschichten auf existenzdynamischer Ebene in gewisser Weise allumfassend.
>
> Entsprechende Denkansätze haben u. a. Joseph Campbell und Ernest Becker ausgearbeitet, ersterer mit seiner Idee der »Heldenreise« und der letztgenannte über sein Konzept der alldurchdringenden Todesdynamik. Auch wenn die absolutistische Haltung dieser Modelle nicht unbedingt geteilt werden muss, so können sie dennoch sehr wertvolle Impulse für die Erschließung potenzieller Räume im psychotherapeutischen Kontakt mit Kindern, Jugendlichen und deren Familien liefern.
>
> Dies erscheint nicht zuletzt deshalb so wertvoll, weil der Tod und seine wahre Bedeutung in unserer heutigen Zeit und Gesellschaft extrem verdrängt und missachtet werden.

Vertiefende Literatur

Armstrong, K. (2005). *Eine kurze Geschichte des Mythos*. Berlin: Berlin-Verlag.
Becker, E. (1976). *Dynamik des Todes*. Olten: Walter.
Campbell, J. (1953). *Der Heros in Tausend Gestalten*. Frankfurt a. M.: S. Fischer.
Lutz, C. (2016). *Mythen und Märchen in der psychodynamischen Therapie von Kindern und Jugendlichen*. Stuttgart: Kohlhammer.

Solomon, S., Greenberg, J. & Pyszczynski, T. (2015). *Der Wurm in unserem Herzen*. München: Deutsche-Verlags-Anstalt.

Weiterführende Fragen

- Warum erscheint das Mythische so bedeutsam bei einer Annäherung an die Psychodynamik des Todes mit Kindern und Jugendlichen?
- Wo lassen sich todesbezogene Bereiche im heutigen Leben von Kindern und Jugendlichen erkennen?
- Macht es Sinn, sich mit diesen eingehender psychotherapeutisch zu beschäftigen?
- Was könnten eventuelle Widerstände hiergegen sein?

2 Wie bedeutsam erscheint der Tod für Kinder- und Jugendlichenpsychotherapeuten?

»*Sollen wir unsere dreijährige Tochter mit zur Beerdigung nehmen?*«

»*Glauben Sie an Gott? Uns ist die religiöse Erziehung unserer Kinder sehr wichtig!*«

»*Ich will nicht, dass mein siebenjähriger Sohn mit auf die Intensivstation kommt! Was soll das bringen?*«

»*Unsere Kinder dürfen keine Nachrichten schauen, da gibt‹s eh nur Mord und Totschlag!*«

»*Diese Computerspiele und das Geballere! Wissen Sie, wie viele Leichen mein Sohn da am Tag produziert?*«

Diese exemplarischen Fragen bzw. Zitate stammen aus Gesprächen mit Eltern und dürften partiell den Praxisalltag vieler Therapeuten und Berater widerspiegeln, die mit Kindern, Jugendlichen und Familien arbeiten. Sie machen in ihrer atmosphärischen Bandbreite die angesprochene Unsicherheit, aber auch die aktuelle Relevanz bezüglich der existenziellen Ebene und des Todesthemas allgemein deutlich.

In vielen Fällen zeigt sich die Brisanz und Bedeutung dieser Ebenen allerdings nicht manifest, erst allmählich und bei entsprechender Haltung können sich diese Bereiche anbahnen. Außer im Kontakt mit suizidalen oder schwer erkrankten Patienten wird für Kinder- und Jugendlichenpsychotherapeuten in den meisten Fällen die Beschäftigung mit dem Tod selbst bei entsprechendem Augenmerk nicht so unmittelbar erkennbar wie in einigen Fallbeispielen dieses Buches. Anders herum arbeitet auf den Tod bezogen die angesprochene »therapeutische Alltagsabwehr« in der Regel so zuverlässig, dass selbst bei solch todesverbundenen Symptomen wie Panik, Depression oder Magersucht die Nähe zu Freund Hein nicht erkannt wird bzw. werden soll. Allgemein und analog zu anderen Interessenspektren, die man als Therapeut bewusst oder unbewusst vermittelt, scheinen jedoch besonders Kinder auf eine dementsprechende Ausstrahlung zu reagieren. Ich bin bis heute immer wieder erstaunt, wie oft der Tod manifest und seine Symbolik latent immer in den gemeinsamen Begegnungen auf- bzw. erscheint. Hat man seinen Blick als Kinder- und Jugendlichenpsychotherapeut erst einmal auf den »großen Gleichmacher« gerichtet, dann dürfte man überrascht darüber sein, wie geballt er doch greifbar in Erscheinung tritt. Mitunter hilft hier eine reflexive Durchsicht besonders der verschiedenen anamnestischen Hintergrundinformationen, in denen auffallend häufig von Fehlgeburten, Sterbe- und Todesfällen von nahestehenden Menschen bzw. geliebten Tieren die Rede ist.

Oder, wie in unzähligen Fällen erlebt, man erfährt als Therapeut wie nebensächlich und manchmal erst nach langem Behandlungsverlauf von familiären Trauerfällen oder von schweren bis lebensbedrohlichen Erkrankungen im Leben der Patienten bzw. deren nahen Angehörigen.

Die einleitenden Fragen eignen sich dabei gut, um auf etwas hinzuweisen, was besonders psychodynamisch bzw. analytisch arbeitenden Therapeuten vertraut sein dürfte: Es geht in der therapeutischen Haltung weniger um die Vermittlung eines konkreten Wissens oder um die direkte Beantwortung etwaiger Fragen, sondern um die Akzentuierung einer möglichen dahinterliegenden Dynamik mit entsprechenden unbewussten Motiven. Diese Psychodynamik ließe sich in klassischer Herangehensweise mit vorwiegender Ausgrenzung der Todesbereiche sicherlich in den entsprechenden Situationen auch über die obigen Fragen und deren Kontext herausarbeiten. So widmet man sich z. B. den frühen Objektbeziehungen, analysiert Selbst-, Ich- bzw. Über-Ich-Strukturen oder untersucht eventuell abgewehrte Trieb- und Gefühlsspektren. Was jedoch lässt sich erkennen, wenn man den Tod als das Nicht-Erkennbare mit einbezieht?

2 Wie bedeutsam erscheint der Tod?

Um dies zu erkunden, muss man sich mit einer Frage beschäftigen, der Rank sich in seinem Werk »Wahrheit und Wirklichkeit« ausgiebig gewidmet hat. Er überlegt dabei, ob sich der neurotische Mensch eventuell viel näher an der Wahrheit seiner »existenziellen Tragödie« bewegt, aber eben an einer »schöpferischen« Bewältigung des Lebens scheitere, wobei dies umso mehr für schwer belastete, psychotische Menschen gelten dürfte. Einen ähnlichen Gedankengang formuliert Richter so:

»Wer sich ohne besonderen erkennbaren Anlass über den eigenen Tod augenfällig ängstigt, wird zum klinischen Fall. Vom Psychotherapeuten dürfte der (Geängstigte) zu hören bekommen, dass seine Angst gar nicht wirklich seinem irgendwann bevorstehenden Ende gelte, sondern aus irgendeiner erschreckenden Erinnerung stamme, die jetzt wieder aufgebrochen sei. Vielleicht wird die Angst als Umwandlungsprodukt verpönter Hassgefühle entlarvt, etwa als unbewusste Selbstbestrafung für feindselige Impulse gegen irgendwen. Jedenfalls wird der Tod zu einem verschobenen Problem. Es geht um das Dahinter, und das ist allemal harmloser, nämlich therapeutisch handhabbar« (Richter, 1992, S. 26–27).

Auf praktizierender Ebene geht es für Kinder- und Jugendlichenpsychotherapeuten bei Einbindung todesdynamischer Zusammenhänge somit um eine modifizierte Gewichtung des therapeutischen Fokus. Für eine möglichst authentische Beschäftigung mit der Sterblichkeit und der Endlichkeit gerade mit jungen Patienten stehen dabei das gemeinsame Eingestehen unserer Begrenztheit und die Akzeptanz unseres urdualistischen Wesens im Mittelpunkt. Hier ist nochmals gut zu erkennen, wie sich diese Haltung und Ziele eigentlich sehr nah an zahlreichen ursprünglichen und bekannten psychoanalytischen Konzepten bewegen. Im Kern geht es also um etwas, was sehr viele praktizierende Psychotherapeuten in Beziehung zu ihren Patienten wohl ohnehin so oder so ähnlich gestalten, ohne jedoch den bewussten Schwerpunkt auf existenzielle Aspekte zu legen (vgl. Yalom, 2000). So soll dem Tod und seinem immerwährenden Einfluss auf uns Menschen hier ein gebührender Platz eingeräumt werden, um ihn dann auch wieder *so gut als möglich* verdrängen zu können bzw. um sich schöpferisch- kreative bzw. haltende Gestaltungen im Leben zu erschaffen.

Diese theoretisch beschriebenen Themen möchte ich nun mit Hilfe eines Mädchens lebendiger werden lassen, das ich im Rahmen einer psychoanalytischen Kindertherapie als Siebenjährige kennengelernt habe. Zum biografischen Hintergrund ist anzumerken, dass ihre Mutter auf umfangreiche alltägliche pflegerische Unterstützung angewiesen ist, da sie an einer fortschreitenden schweren Erkrankung leidet. Diese wurde bereits vor der Geburt des Mädchens diagnostiziert und hatte sich mit selbiger in ihren lebensbeeinträchtigenden Symptomen verschlimmert. Die Patientin quälen seit frühester Kindheit heftige Ängste mit Nachtschreck, und sie zeigt soziale Hemmungen und Trennungsschwierigkeiten, wobei die Eltern sie als sensibles und aufmerksames Kind beschreiben. In meinen Eindrücken fällt mir eine nachhaltige Aggressionshemmung auf. So interessierte sie sich zwar rasch für diverse Spielwaffen, wirkte bei deren Handhabung jedoch regelrecht hilflos. Bereits im Alter von zweieinhalb Jahren habe sie sich mit dem Tod und existenziellen Themen beschäftigt. Als Dreijährige habe sie einige Wochen nach dem Tod der Großmutter im Sandkasten spielend aufgeschrien und erschrocken gemeint, sie habe jetzt die »Oma ausgegraben«. Über die sehr alltags- bzw. lebensbestimmende Krankheit der Mutter hatte sie dabei bis zum Zeitpunkt des Therapiebeginns »überhaupt nicht geredet« und ihre Beziehung zur Mutter sei »immer schwieriger« gewesen. Beide Eltern betiteln ihre Tochter auf je eigene Weise als »Papakind«.

Das Mädchen berührt mich von Anbeginn im wahrsten Sinne des Wortes, sie streift wiederholt in zahlreichen Begegnungen meine Hand oder meinen Arm und es scheint, als wolle sie sich meiner Lebendigkeit vergewissern. Dieses Erfühlen mag dabei andeuten, wie sich Elementares auf frühesten, vorsprachlich-haptischen Empfindungsebenen abspielt. Dabei verdichtet sich dieser Gefühlsbereich in folgender Situation, als das Mädchen zu Beginn unserer Begegnung erzählt, wie kalt es draußen ist und dass sie so friere. Sie beginnt darauf zunächst gemächlich im Kreis um mich herumzulaufen, was ich zunächst als ein gewisses »Warmlaufen« benenne und als Beziehungsregulierung deute. Schließlich wird sie jedoch immer schneller und auch verzweifelter. Sie scheint dabei gar nicht mehr zu halten zu sein. Tatsächlich kommt währenddessen in mir selbst etwas zunehmend Ungehaltenes auf, wobei ich versuche, ihre eventuelle Angst, Wut und Verzweiflung diesbezüglich andeutend anzusprechen. Ich habe den Eindruck, dass alles irgendwie bei ihr ankommt und Gültigkeit hat, wobei ich selbst zunehmend wirklich verzweifelter werde. Schlagartig überwältigt mich das Thema, das sich in der unmittelbaren Stunde davor angebahnt hat: Dort hatten wir erstmalig über die Erkrankung ihrer Mutter geredet und dass sie inzwischen »gar nicht mehr laufen kann«. In meinen Gedanken habe ich hier Assoziationen von Zerfall und Tod. Ich werde dabei offenbar sichtlich ernster und bedrückter, wobei sie das gleich erkennt und auf mich zuläuft. Das Mädchen versucht dabei, mit ihren Händen meine Mundwinkel zu einem Lächeln hochzuziehen, was szenisch veranschaulichen mag, wie die Patientin mit ihren erdrückenden inneren Elementen umgeht. Dies spreche ich an und betone mein bzw. unser verzweifeltes Empfinden gerade und ergänze: »Du möchtest nicht, dass ich so traurig und besorgt bin wie Du!«

Das Mädchen wird jetzt immer schneller und bekommt dabei einen ganz verfolgungsängstlichen, verzweifelten Ausdruck, was sich in der Gegenübertragung so intensiv anfühlt, dass ich sie am liebsten anhalten und in den Arm nehmen würde. Ich schlage ihr nach einigen Momenten etwas unbeholfen stumm und nur gestisch ein Abklatschen vor, indem ich ihr jedes Mal meine Hand hinhalte. Sie verweigert sich hier zunächst, wobei sie beim nächsten Verzweiflungsanfall ganz leicht meine Hand bzw. mich streift. Nachdem sie sich am Ende dieser Stunde nur schwer trennen kann, spricht sie von selbst in den nächsten Begegnungen ihren »Kreislauf« an und wiederholt ihn auch gelegentlich, jedoch nie mehr in dieser Intensität. In einer der nächsten Stunden geht ihrem erneuten Kreislauf folgendes Geschehen voraus:

Nachdem ich zu Stundenbeginn die Türe öffne, sehe ich das Mädchen beim Vater wie ein Baby regelrecht auf dessen Schoß liegen. Dem scheint das augenscheinlich unangenehm und peinlich, so wie auch bei mir – als ausgeschlossenem Dritten – spontan ein gewisser Ärger aufkommt. Schließlich löst sich der Vater und schickt sich an zu gehen, worauf das Mädchen umgehend in die Praxis kommt. Hier schnappt sie sich gleich ein Spielflugzeug, mit dem sie andeutet bzw. mir das Gefühl gibt, dass sie auf mich drauffliegt und angreift. Ich meine: »Du greifst mich an, weil ich Dich vom Papa getrennt habe!«

Sie nimmt das Flugzeug schließlich an ihren Platz am Tisch und macht damit ein paar Flugfiguren. Daraufhin zeigt sie mir, wie der Flieger steil nach oben fliegt, und sie demonstriert mir per Handzeichen die Höhendimensionen: »Schau, das ist die Flughöhe ... und das ist ganz oben. Hier hört die Erde auf!« Ich erwidere beeindruckt: »Aha, da geht's ins Ungewisse!«

Sie lässt jetzt das Flugzeug noch mal normal abheben und begibt sich dann halsbrecherisch in den Orbit, genauer gesagt: »zum Mond«, was sie mir mit ausholenden Armbewegungen plastisch darstellt. Dort landet das Flugzeug und es steigt ein Passagier heraus, der sofort laut und panisch aufschreit: »Ich krieg keine Luft!«

Ich muss spontan – sicherlich auch durch den Vorlauf bei der Begrüßung – an eine Geburt denken und sage dies auch: »Du, das kommt mir jetzt vor wie bei einer Geburt!«

Nachdem das Mädchen sehr angesprochen und neugierig reagiert, fahre ich fort: »Ich dachte jetzt da dran, weil Du vorhin beim Papa auch ein wenig so wie ein Baby auf dem Schoß lagst. Wie das wohl ist ... als Baby ... bei der Geburt ... Da kriegt man ja auch nicht gleich Luft ...«

»Jaa, da weiß man ja nicht, wie das geht«, ruft sie dabei aus.

»Genau!«, meine ich. »Und man weiß ja auch nicht, wo man ist! Wie im weiten Weltall, weil davor, da war man ja ganz bei der Mama ... und dann ist man getrennt!«

Das Mädchen setzt bzw. legt sich darauf entspannt auf den Boden. Wir unterhalten uns kurz und es kommt das Thema »Phantasie« auf. Sie sagt: »Ich weiß gar nicht, ob ich zu viel oder zu wenig Phantasie habe. Meine Mutter sagt, zu wenig, aber ich habe sehr viel! Ich weiß es nicht!«, fügt sie gequält lächelnd hinzu. »Vielleicht ist es wirklich beides!«, antworte ich ihr, worauf sie erwidert: »Aber das geht doch nicht!« »Das ist es gerade, glaube ich! Es geht in uns drin ... in unserer Phantasie doch. Dass es beides gibt ...« Das Mädchen macht ohnehin einen aufnehmenden Eindruck und wirkt besonders nach dieser Deutung regelrecht erleichtert. Sie steht nun auf und beginnt wieder, sehr behäbig um mich herumzulaufen.

Sie meint nun: »Darf ich Dir ein paar Fragen stellen?« Sie überlegt etwas und betont dabei, dass die »auch ernst« seien. Ihr fällt aber zunächst nichts Konkretes ein. Sie setzt sich wieder hin und sagt, dass ihr schwindelig sei, was ich sehr aufnehme und kommentiere, dass es ihr dadurch vielleicht – wie so oft – auch schlecht ist: »Bei so vielen Gedanken kann es einem auch schwindelig werden!« Sie fragt mich daraufhin, wie viel Zeit wir noch haben, wobei sie nach meiner Antwort sinniert, wie alt sie ist ... wie alt die Erde ist: »Das weiß doch jeder!« Ich habe hierbei umgehend den Eindruck, dass es ihr nicht so sehr um das Alter und die Vergangenheit geht, als vielmehr um die Zukunft und irgendwie auch das Ende.

Tatsächlich fragt sie sich nach einiger Zeit eher selbst: »Wann man denn sterben muss? Warum muss man das denn? Wer hat das gesagt? ... Also ich hab' das nicht gesagt!«, ergänzt sie noch seufzend-anklagend, worauf ich wiederum mit großem Verständnis lediglich nicken kann.

Hier ist nun innezuhalten und gemeinsam etwas wohl Ungewohntes, ja Schweres, wenn nicht gar Unmögliches zu versuchen! Es gilt, sich nicht zu rasch dem – theoretisierenden – Analysieren des zweifellos reichhaltigen Materials der beschriebenen Szenen zu widmen. Besonders die Schlussfragen der jungen Patientin dürften bei entsprechender innerer Aufnahmebereitschaft eine tiefe Resonanz beim Leser anklingen lassen. Welche Assoziationen, Regungen und körperlichen Empfindungen entstehen dabei? Gibt es Widerstand gegen diese Gedanken oder bilden sich Zugänge zum Unzugänglichen? Entwickelt sich so etwas wie ein innerer Raum, in dem die entstandenen Elemente einen angemessenen Platz finden?

Diese Aufforderung soll als elementare und förderliche Anregung dienen, sich dem eigenen Nichtwissen und den individuellen Todesbildern zu nähern. Mit dem Mädchen konnte dies geschafft werden. Es hat sich in Bezug auf die basale Dynamik vom Anfang und vom Ende über die gesamte Behandlung ein gehalt- und wertvoller Denkraum eröffnet, der sich mit entsprechender therapeutischer An- und Hinwendung als sehr entwicklungsfördernd erwiesen hat. Unter anderem verschwand der Pavor Nocturnus ziemlich rasch gänzlich und die panikartigen Angstanfälle verringerten sich deutlich. Das Mädchen, aber auch seine Mutter und sein Vater konnten sich in der Therapie todesnahen Konfliktthemen nähern und diese konstruktiv so weit bearbeiten, dass es der Patientin beispielsweise zunehmend möglich wurde, über die Erkrankung der Mutter und ihre diesbezüglichen Gefühle zu reden. Ihr gelang es vor allem, sich intensiver mit ihren enormen aggressiven Anteilen und ihrer Wut auseinanderzusetzen, ohne dass sie sowie auch ich als Therapeut immer genau wussten, auf wen oder was man eigentlich wütend sein soll.

Einmal verständigen wir uns darauf, dass die »Bakterien« ja »die Schuldigen« zu sein scheinen, nachdem sie mir eindrücklich nähergebracht hat, wie sehr sie sich genau davor fürchte. Die seien ja »unsichtbar und trotzdem da«, während sie in mehreren Begegnungen einwirft, wie alle Lebewesen von »diesen Bakterien« stammen. Dies führt uns schließlich gemeinsam zur tief existenziellen Gegebenheit, dass wir aus diesen Bakterien bestehen bzw. diese ja irgendwie selber sind. Nachdem ich dabei in einer folgenden Stunde mit Verweis auf ihre Mutter behutsam andeute, dass »diese Bakterien uns Menschen ja auch krank machen können«, fährt es aus ihr heraus: »Wie kann man das verstehen? Das kann man nicht!« Ich gebe ihr dabei recht, ergänze aber noch ihrem Alter angemessen: »Ich glaube ganz fest, dass man gemeinsam etwas mehr versteht und dass es dann besser geht!«

Über diesen Austausch kann eine Spur zu etwas sehr Wesentlichem bzw. Leibhaftigem erkannt werden. Der Körper ist wohl der Bereich, der uns am nächsten an die Wirklichkeit zu bringen vermag. Besonders die Kinder erinnern uns ja wiederholt an die Tatsache, dass unsere ersten und tiefsten Empfindungen auf vorsprachlichen und evtl. gar vorgedanklichen Körpersensationen basieren. Sehr fruchtbare Gedanken hat im Hinblick auf diese frühesten zwischenmenschlichen Abläufe Esther Bick entwickelt. Ihr war in ihren zahlreichen Säuglingsbeobachtungen aufgefallen, dass der Hautkontakt das bedeutsamste Element der allerersten Beziehung sowie der ersten Introjektionen darzustellen scheint (in Hinshelwood, S. 420). Über die »primären Hautsensationen« mit seinem Bezugsobjekt erlebe der Säugling ein elementares Kohärenzgefühl, Bick spricht bildhaft vom »Zusammengehaltenwerden«. Auf der anderen Seite lösen Versagungen auf dieser Ebene ein Gefühl von regelrechtem »Auseinanderfallen« aus, gegen die bei beständigem Einfluss eine »zweite Haut« als frühestes Schutzschild errichtet werde (ebd., S. 336).

2.1 Patienten des Lebens

Möglicherweise erscheint das Fallbeispiel mit dieser jungen Patientin wie bereits angedeutet auf den ersten Blick eher untypisch, in der Regel sprechen Kinder, aber auch Jugendliche und Erwachsene beim Psychotherapeuten nicht so direkt über den Tod und manifest greifbare existenzielle Themen. Richtet man jedoch wie erwähnt seine therapeutischen Antennen auf die Themen des Daseins, dann lässt sich *bei jeder Behandlung* unermesslich viel Material bzw. Potenzial entdecken und man erkennt, dass der Tod und seine Ausläufer ständig in jeglichem Beziehungsarrangement mitschwingen.

Unter diesem Gesichtspunkt könnte aus psychotherapeutischer bzw. dynamischer Sicht den vertrauten Aspekten Selbsterfahrung, Abstinenz und Neutralität, d.h. der Haltung zu sich selbst, dem Leben und dem Anderen vielleicht ungeahnte praktische Relevanz zukommen. »Ohne Sympathie keine Heilung« schrieb Ferenczy in seinem gleichnamigen Tagebuch und möglicherweise hilft hier in Bezug auf den Tod und unsere Sterblichkeit ein kurzer Blick auf die eigentliche Begriffsherkunft von »Sympathie« als »Mitleiden«. Trotz der so zahlreichen Kontroversen und unterschiedlichen Nuancen in den psychodynamischen Denkmodellen lässt sich behaupten, dass die Psychoanalyse seit ihrem Entstehen den Menschen überwiegend als – konfliktbestimmtes – Leidwesen betrachtet.

Somit könnte jeder Mensch als »Patient« des Lebens (von lat. patiens: *»duldend, geduldig, leidend) gesehen werden.*

Gleichgültig welchen Ast des Lebensbaumes der Erkenntnis man besteigt oder welchen noch so feinen Zweig man davon betrachtet, sein unentwirrbares Wurzelwerk wird von einer angstumwehten Schwermut gebildet. Diesen Themenkomplex hat Freud in seinem Monumentalwerk »Trauer und Melancholie« eingehend analysiert. Seine Thesen vom Objektverlust und deren innerseelischer Verarbeitungsformen in der Trauerarbeit weisen bis heute therapeutische Gültigkeit auf, wobei weiter unten näher darauf eingegangen wird. Damit ist nochmals etwas vielleicht nur auf den ersten Blick Selbstverständliches hervorzuheben. In der Psychoanalyse geht es schon immer um Beziehung und Trennung und die so weit als mögliche Erkundung dieses essenziellen Relationsraumes. So wird auf den Tod und seine Ausläufer bezogen die höchste Verdichtung und tiefe soziale Komponente deutlich. Niemand würde überleben und z. B. dieses Buch lesen und über den Tod nachdenken, hätte sich nicht ein Gegenüber »good-enough« (Winnicott) um diese individuelle Seele gekümmert. Winnicotts berühmte Formel: »There is no such thing as a baby« oder Bions mystisch anmutendes »faith in O« lassen sich so natürlich auf einer tief existenziellen Ebene verstehen.

Die Psychoanalyse hat also etwas mit erkannt und vor allem kultiviert, was gar nicht überbewertet werden kann: Um sich und seine Welt aushalten bzw. schaffen und möglicherweise gar lieben zu können, bedarf der bewusste Mensch schon immer *Andere(s)* als *Projektionsfläche bzw. Container* seiner Urängste und inneren Elemente.

2.2 Die Bezugspersonen bzw. -objekte und deren basale Bedeutung: Tod als Zusammenbruch der Beziehung zum Leben

Das dynamische und tief existenzielle Ausmaß der relationalen menschlichen Verflechtungen zeigt sich dabei von Anbeginn des Lebens: Während der Säugling naturgemäß essenziell abhängig von seinen Bezugspersonen ist, benötigen diese ihn gleichsam auf innerseelischer Ebene als – symbolischen – Garanten für ein Weiterleben. Diese äußere Ambivalenz setzt sich also innerseelisch fort und bereits Freud hat die zwiegespaltenen Einstellungen der Eltern auf ihr – neugeborenes – Kind betont, genauso wie jeder Mensch und somit auch das Kind ambivalente Gefühle gegenüber seinen Bezugspersonen hat.

Melanie Klein: die kindliche Seele und der Tod

Melanie Klein als eine der Pionierinnen der Kinderanalyse hat in ihrer einflussreichen Arbeit hierfür essenzielle Gedanken formuliert. Sie unterstellt dem menschlichen Unbewussten eine Vorstellung vom Tod, die auf die frühesten Erfahrungen des Kindes mit seinem Primärobjekt zurückgehen. Gerade jüngste Kinder hätten ein intimes Verhältnis zum Tod, wobei ihr gesamtes Werk von tiefgreifenden thanatologischen Elementen umweht wird. Hierzu noch ein eindrückliches Zitat von ihr:

> »Meine analytischen Beobachtungen zeigen, dass es im Unbewussten eine Furcht vor der Vernichtung des Lebens gibt. (…) Die Gefahr, die aus dem inneren Wirken des Todesinstinkts hervorgeht, ist die erste Ursache der Angst … die Furcht davor verschlungen zu werden, ist ein unverhüllter Ausdruck der Furcht vor totaler Vernichtung des Selbst« (zitiert nach Yalom, 2000, S. 110).

Gewisse Sicherheit vor diesem Schrecken könne ein gutes inneres Objekt verleihen, das sogar stark genug ist, den Angriff des Todes zu überleben. Für dieses absolut gute Objekt steht die Phantasie der idealisierten Mutter, die einen auch in der Stunde des Todes nicht alleine lässt. Klein spricht dabei in beinahe lyrischer Weise von der »Sehnsucht«, die die menschliche Seele von Beginn an begleite. Das Objekt ist in gewissem Sinne immer schon verloren und diese tiefe unbewusste Phantasie korrespondiert mit der Ahnung, dass für das Selbst Gleiches gilt.

Dies spielt aus meiner Erfahrung eine bedeutende innerseelische Rolle bei allen Heranwachsenden. Sehr häufig findet sich etwas Sehnsüchtiges bei Jugendlichen, auch wenn diese in therapeutischen Beziehungen zunächst wenig davon offenbaren. So lassen sich die

2.2 Die Bezugspersonen bzw. -objekte und deren basale Bedeutung

ersten Verliebtheitsgefühle und die damit einhergehenden körperlichen Empfindungen neben der psychosexuellen Konfliktkomponente auch als Sehnsucht nach etwas »Wahrem« begreifen. Einer Wunscherfahrung mit etwas oder jemand Anderem, mit dem man verschmelzen kann, welches aber gleichzeitig die Möglichkeit einer ablösenden Trennung von den ursprünglichen Objekten zu ermöglichen vermag. In unserem tiefsten Wesen sehnen wir uns alle nach etwas, ohne zu wissen, was es genau ist.

Donald Winnicott: Tod als Zusammenbruch der Beziehung zum Leben

Der bekannte Kinderarzt und Psychoanalytiker Donald W. Winnicott präferierte eine umfassende, tiefe und kreative Sicht auf das Leben, dessen Beziehungsreichtum und seine allerfrühesten innerseelischen Manifestationen. In seinen öffentlichen Arbeiten bezieht er sich recht selten direkt und explizit auf den Tod, lässt diesen jedoch gleichsam im Hintergrund mitschwingen, während er sich dem menschlichen Treiben immer aus einer lebendigen Beziehungsperspektive zu nähern versuchte. An Freuds Todestrieb konnte er dabei »nichts Brauchbares« finden, einfach weil es nichts wert sei

> »das Wort Tod mit dem Wort Trieb zu verknüpfen, und noch weniger ist es wert, Hass und Wut durch das Wort Todestrieb zu bezeichnen. Es ist schwierig, an die Wurzeln der Aggression heranzukommen, aber der Gebrauch von Gegenteilen wie Leben und Tod, die in dem Stadium der Unreife, das hier in Betracht kommt, gar nichts bedeuten, hilft uns nichts« (Winnicott, 2006a, S. 231 und S. 251).

Winnicott widmet sich besonders auch den frühesten aggressiv-destruktiven Regungen sowohl des Säuglings als auch des Erwachsenen und versteht die aggressiven Impulse des Fötus als ursprüngliche Manifestationen einer menschlichen *Lebensenergie*, die sich über Motilität äußere.

Eine theoretische Beschreibung von Winnicotts umfangreichen Ausarbeitungen würde mehr als den vorliegenden Rahmen sprengen. In verdichteter Form erscheinen diese Gedanken in seinem Spätwerk über »Die Angst vor dem Zusammenbruch«, in der der Tod wiederum aus dem Hintergrund hervortritt und eine zentrale Position einnimmt, zumal diese Arbeit als letzte seines Lebens gilt (vgl. Ogden, 2015). In einfachen und dadurch gleichzeitig überwältigend-verwirrenden Worten greift Winnicott hier die Dynamiken der frühesten Ängste, der Suche nach »Leere« und dem physischen bzw. vor allem dem psychischen Tod auf, ohne dabei vor persönlich-kritischen und belastenden Erläuterungen, wie dem Suizid einer Patientin oder der »Vergeblichkeit in der Analyse« Halt zu machen (Winnicott, 1991). Zusammenfassend sieht Winnicott die Angst vor dem Zusammenbruch als sehr nah zum Tod befindlich. Er beschreibt, dass es bei diesen »archaischen Seelenqualen« um Erfahrungen gehe, die bereits erlitten wurden, wegen der entwicklungsbedingten noch nicht genügend ausgeformten psychischen Reife jedoch nicht erlebbar gewesen sind.

Wie bedeutend die Bearbeitung dieser dynamischen Ebenen gerade auch mit den Eltern ist, zeigte sich in der beschriebenen Therapie der siebenjährigen Philosophin (alle menschlichen Wesen sind das). Dabei gelang es der Mutter, zunehmend über ihre Situation und Befindlichkeit bei und nach der Schwangerschaft zu sprechen, wobei sich ja ihr Krankheitszustand nach der Geburt erheblich verschlechtert hatte. Hier auch ihre wütenden bzw. enttäuschten Gefühle zulassen zu können, war ein bedeutender Reifungsschritt für die Mutter, über den schließlich das Durcharbeiten der so enormen und reziproken Schuldgefühle möglich wird. Darüber konnte sie schließlich vermehrt über ihre eigene Kindheit und ihr Gefühl zahlreich erlebter Entbehrungen reden, die sie doch ihrer Tochter so sehr ersparen wollte. Meine – im Hier- und Jetzt – so erlebte und immer wieder angesprochene vitale Energie von ihr, ihrer Tochter und der gesamten Familie führte schließlich zu einer erheblichen Annäherung und Intensivierung der Mutter-Kind-Beziehung.

Der Vater seinerseits brachte recht früh todesnahe Themen in die Gespräche, während er im Gegensatz zu seiner Frau dabei eher gefühlsarm und beschönigend wirkte. Erst nach einiger Zeit erfuhr ich dabei unvermittelt von einem Todesfall aus der Vergangenheit: Der Vater fragte mich einmal direkt, ob ich denn eine Schwester habe, er hätte im Treppenhaus jemanden gesehen, der mir ähnlich sah. Nach einer kurzen Überraschung antwortete ich, dass mir meine Schwester nicht ähnlich sieht, und fragte weiter, wie es denn mit seiner Schwester gewesen sei. Er schaute mich darauf ernst an und sagte, dass er zwei Schwestern hätte, wobei ich sehr überrascht war, da ich aufgrund der Vorgespräche nur von einer wusste. »Tja«, sagte der Vater, »ich habe zwei Schwestern, nur die eine ist gestorben!« Ich war innerlich sehr getroffen und ich erfuhr nun weiter, dass der Vater eine ein Jahr jüngere Schwester hatte, die als Kind aufgrund einer schweren Infektion körperlich und geistig retardiert blieb. Diese Schwester habe ihm – besonders auf Kinderfotos – sehr ähnlich gesehen. Seine ältere Schwester sehe ihm nicht ähnlich. Ganz zum Schluss sagte die Mutter noch, dass die jüngere Schwester vor etwa fünf Jahren, also ungefähr zur Geburt der Patientin gestorben sei!

Nach dem ersten Drittel der Behandlung schilderte der Vater dann in einem Elterngespräch beeindruckt, wie seine Tochter kürzlich gesagt habe: »Ich habe Angst!« Dies hätte sie so bisher noch nie geäußert. Nachdem der Vater nun das »Beseitigen der Angst« ansprach und fragte, wie die Eltern damit umgehen sollen, thematisierte ich den Umgang mit – unangenehmen – Gefühlen und sprach die Möglichkeit an, die Angst anzunehmen und anzuerkennen, und wie schwierig dies gerade auch für uns Erwachsene sein kann. Der Vater begann darauf zu berichten, dass er es bei sich so »komisch« fand, dass er nicht »berührt« war vom Tod seiner Mutter. Auch bei dem von mir angesprochenen Tod seiner jüngeren Schwester habe er nichts »Tiefergehendes« empfunden. »Also, ich habe schon etwas empfunden bei der Beerdigung meiner Mutter, aber … irgendwie nicht das, was ich erwartet habe«, meinte er. »Was haben Sie denn erwartet?«, mochte ich weiter wissen, worauf der Vater antwortet: »Das es ganz schlimm ist … und dass ich … ich weiß es auch nicht so genau! Es ist bei uns zuhause wirklich nie um Gefühle gegangen!« Er erwähnte dann wiederholt eine Szene, als er bei der Beerdigung seinen Vater umarmt hat und dies sehr ungewohnt für ihn gewesen sei. Auf meine Nachfrage erfuhr ich, dass sich der Vater an körperlichen Kontakt zwischen ihm und seinen Eltern »überhaupt nicht« erinnern konnte. Ich betonte darauf nochmals die Thematik und Bedeutung der Emotionen und bezog sie auf die Patientin und ihren eben teilweise sehr heftigen Ausdruck ihrer Gefühle. Der Vater sprach dann von selber an, dass seine Tochter wohl »Angst vor Freundschaften« gehabt habe, weil sie fürchtete, diese wieder zu verlieren. Ich bestätigte den Eltern nickend, dass dies sicherlich ein wichtiger Aspekt in ihrem Seelenleben und auch in ihrer Familie gewesen zu sein scheint.

Ich hoffe, über die Beschreibung dieser Familie und ihrer individuellen Lebenssituation erkennbar zu machen, wie sich namenlose und zutiefst überwältigende Angstempfindungen über ein seelisches Empfangen und Verdauen konstruktiv modifizieren können und somit aushaltbarer werden. Besonders die bei Kindern ohnehin obligate Einbindung der Eltern gewinnt also bei der Annäherung an existenzielle Bereiche nochmals an grundlegender Bedeutung.

Bezogen auf die einleitenden Elternfragen ließe sich somit *auch* ein existenziell-dynamischer Umgang vorstellen; man könnte in Abstimmung mit seiner Gegenübertragung und dem jeweils vorliegenden Arbeitsbündnis nach eigenen Ansichten und Erfahrungen in Bezug auf das Sterben bzw. den Tod fragen und sich so dem Namenlosen gemeinsam nähern:

»Das scheint Sie sehr zu beschäftigen, wie geht es Ihnen denn bei der Vorstellung an den Tod?«

»Dies macht den Eindruck, als seien Sie hier mit tief menschlichen Themen konfrontiert, was macht das mit Ihnen?«

»Das klingt ziemlich gewaltig, wie gehen Sie selbst denn damit um?«

Schließlich bietet sich hierfür die allseits bekannte, und wohl selten so stimmige Frage an:

»Was glauben Sie?«

2.3 Denken über das Undenkbare

Um sich einer möglichen Psychodynamik des Todes weiter nähern zu können, bieten sich die erkenntnistheoretischen und tief analytischen Gedanken von Bion an, dem mitunter der Titel des »Mystikers der Psychoanalyse« gegeben wurde (Wiedemann, 2007). Das Kryptische in seiner teils zunächst so unverständlichen Ausdrucksweise, wie z. B. in seinem mathematischen Raster liegt natürlich nahe. Für Bion ist es auf der Grundlage seiner erkenntnistheoretischen Auffassungen für den Menschen nicht möglich, die Realität zu erkennen. Der Mensch kann bestenfalls nur Vermutungen anstellen, was sich hinter den Erscheinungen verbirgt, die sein rudimentär und primitiv ausgestatteter psychischer Apparat zum Denken von Gedanken wahrnehmen und verarbeiten kann.

Der Neurowissenschaftler Singer beschreibt diese Konstellationen in seiner Weise als die »mesoskopische Welt«, in die sich das menschliche Gehirn und dessen Auffassungsgabe aus evolutionären Hintergründen begrenzt entwickelt und etabliert habe. »In dieser Welt haben Objekte eine solide Konsistenz und interagieren nach Kausalgesetzen« (Singer, 2011, S. 15). Allerdings seien dies lediglich »Spezialfälle«, die mikroskopische Ebene der Quantenwelt könne damit genauso wenig erkannt werden, wie der makroskopische Kosmos.

Die Maitrayani-Upanishad mag die deckungsgleiche Ebene ansprechen mit den Worten:

> »Du bist Herr über alles. Verehrung dir; du bist die Seele von allem, du bist der, der alle Werke tut. Du genießest alles, du bist alles Leben, Herr über jeglich Spiel und Lust. Verehrung dir, dessen Seele in Frieden ist, Verehrung dir, dem Tiefstverborgenen, dem Nicht-Auszudenkenden, Nicht-zu-Ermessenden, der ohne Anfang und ohne Ende ist« (Upanishaden, 1997, S. 208).

Bion selbst führt dabei »O« ein, ein Symbol für die »unerkennbare letzte Realität«, die »letzte Wahrheit« oder auch für »das Ding an sich« im Sinne Immanuel Kants. Man könnte dafür wohl auch Gott oder auch den Tod als symbolische Ausdrücke verwenden, Otto Rank spricht von der »kosmischen Urkraft«. Zentral bleibt für Bion:

2 Wie bedeutsam erscheint der Tod?

»Es steht für die absolute Wahrheit in einem jeden und eines jeden Objekts, wir nehmen an, dass O für kein menschliches Wesen erkennbar ist; man kann etwas über O wissen, seine Präsenz kann erkannt und empfunden, aber es kann nicht gekannt werden. Es ist möglich, mit ihm eins zu sein. Dass es existiert, ist ein Grundpostulat der Wissenschaft, aber es kann nicht wissenschaftlich entdeckt werden« (Bion 2009).

Für Bion gibt es für den Menschen dabei zwei grundlegende Ängste: die eine ist die »namenlose Angst«, die zum psychotischen Anteil der Persönlichkeit gehört und die unter gegebenen Umständen in der frühesten Säuglingszeit und in der Psychose ihren höchsten Ausdruck findet. Sie steht für Stillstand, Auflösung und Zerstörung jeglicher Existenzen, Verbindungen und Objekte. Sie akzeptiert keinerlei Grenzen, ist raum- und zeitlos und kann als menschliche Urangst aufgefasst werden.

Die andere, die »Angst vor Erkenntnis und Veränderungen« geht mit katastrophischen Umwälzungen von bestehenden Emotionen und Kognitionen einher. Organisch hiermit verbunden ist die unabdingbare Tatsache, dass der Mensch zwei fundamentale Gefühle, Gedanken oder auch Ideen in sich trägt, die sich bereits entwickelt haben, lange bevor er in der Lage war, sprechen zu können. Es ist das Gefühl der »Abhängigkeit« und das des »Alleinseins«. Kein Gefühl ist grundlegender als diese beiden (vgl. Meyer, 2009b, S. 124).

Die namenlose Angst und die Angst vor Erkenntnis wirken als zwei völlig gegensätzliche Erscheinungen, wobei sie eben nicht grundsätzlich voneinander trennbar sind. Genetisch geht die namenlose Angst der Erkenntnisangst voraus, da letztere bereits das Vorhandensein eines psychischen Apparates zum Denken von Gedanken voraussetzt. Dennoch sollte keine hierarchische Rangfolge dieser Ängste versucht werden, da beide Ängste Zeit seines Lebens in verschiedenen Ausprägungen zu jedem Menschen gehören! Bion symbolisiert dies in seiner Formel Ps-D. Das Seelenleben fluktuiert ständig zwischen der paranoid-schizoiden und der depressiven Position. Dem Tod als Vernichtung bzw. als Repräsentant des Namenlosen kommt dabei eine unbändige Macht zu. Er ist wohl wie nichts anderes imstande, die Gegebenheiten – jederzeit – zugunsten der paranoid-schizoiden Seite zu verrücken (vgl. Hinshelwood, 1991, S. 700).

Für das Beschreiben des Umgangs mit diesen Abläufen bzw. Ängsten hat er das bekannte Container-contained-Modell entwickelt, gemeinsam mit der bahnbrechenden Erkenntnis von der projektiven Identifikation als der frühesten und für das gesamte Leben essenziellen Kommunikationsform (vgl. auch Klein, 1987, 1997). Je weniger der Mensch durch verschiedenste Erfahrungen direkt mit dem Tod konfrontiert wird, desto bewusstseinsferner scheinen sich diese Abläufe abzuspielen. Oder andersherum betrachtet: Umso unzureichender ein adäquates Containment aus den verschiedensten Gründen bei einem Individuum gelingen konnte, desto erschütterbarer gestaltet sich sein innerseelischer Raum. Psychisch schwer beeinträchtigte bzw. »grenzgängige« Menschen leiden gerade daran, dass es ihnen an »kreativen Alternativräumen« mangelt. Das Objekt als verinnerlichtes Gegenüber ist zu existenziell bedeutsam, als dass es im Zuge der gesunden Selbstwerdung angemessen entbehrt werden könnte.

Bion stößt mit seinen Hinwendungen immer wieder an Grenzen, also an ein »Nicht-Wissen«, »Nicht-Begehren« und »Nicht-Leisten-Wollen«, wobei gerade das »Nicht-Wissen« einen unschätzbaren Wert in der Annäherung und Auseinandersetzung mit dem Tod besitzen mag. Um es mit Schiller zu sagen: »Nur der Irrtum ist das Leben. Und das Wissen ist der Tod«. Bions paradox erscheinende Forderung: »no memory, no desire« lässt einem buchstäblich nichts, um sich festzuhalten. Es lässt nur offen sein im Glauben, im oben bereits erwähnten »faith in O«. Es gibt jedoch für keinen Menschen eine Annäherung an O ohne das Erleben von teils unbenennbaren und katastrophischen Ängsten.

Psychotherapeutisch gilt es also, diese Bereiche sowohl bei psychisch sehr beeinträchtigten Menschen als auch bei unmittelbarer Konfrontation mit dem Tod, wie z. B. bei schwer erkrankten oder suizidalen Patienten, zu beherzigen.

Der Vater eines elfjährigen Jungen kam zu unserem Erstgespräch mit einem selbstverfassten Text, der sich als berührende Lebensgeschichte seines Sohnes entpuppte. Diesen beschreibt er als »immer trauriger« werdend, während der Junge manchmal unvermittelt »richtig aggressive Wutanfälle« bekomme. Der Vater schildert weiter, dass die Mutter des Jungen vor etwa fünf Jahren ihn und seinen Sohn wegen einer Liebesaffäre verlassen habe und inzwischen den Kontakt zu ihrem Sohn völlig abgebrochen habe. Jegliche Kontakt- und Umstimmungsversuche auch von amtlicher Seite seien gescheitert, der Vater zeigt mir zum Beweis richterliche Dokumente. Mich überkommt hier eine große Traurigkeit, die sich ins Unermessliche steigert, als der Vater mir unter Tränen eröffnet, dass er selbst schwer an Krebs erkrankt sei und die Ärzte ihm keine gute Überlebensprognose gäben. Während mir dabei gegenübertragend der mitgebrachte Text als existenzielle und tief berührende Übermittlung und als Vermächtnis gegen das Vergessen erscheint, meint der Vater nun beherrschter, dass er aber »auf jeden Fall noch sieben Jahre schaffen muss!« Dann ist sein Sohn erwachsen.

Im Verlauf der häufig sehr anrührenden Therapie des Jungen, konnten wir uns wiederholt seinen – äußeren und inneren – Gegebenheiten annähern. Hier erscheinen die besagten Angstsphären Bions als gewisser Wegweiser: die Erkenntnis der Lebenswahrheit und deren schmerzhafte Implikationen lassen sich nur in Verbindung mit der kontinuierlichen Auseinandersetzung mit dem Namenlosen bewältigen. Dieses zeigte sich ein ums andere Mal in meinen Gegenübertragungsempfindungen, die in Worten wahrlich schwer beschreibbar scheinen. Etwas wahrhaft Erhellendes konnte über die zaghafte Erkenntnis entstehen, dass der Vater dem Tod sehr nahe ist. Darüber wurde es zunehmend möglich, dem Jungen und auch seinem Vater etwas von der Unmittelbarkeit ihrer Selbst und ihrer Beziehung näherzubringen. So waren es beim Vater (und unter Beherrschung auch bei mir) schließlich Tränen der Rührung, als ich seine bewundernswerte Energie und das »Hier-und-Jetzt« in der unbeschreiblichen, aber spürbaren Kraft des Lebens benannte. Mit dem Jungen näherten wir uns diesen Seelenkräften vermehrt über das Entdecken seiner künstlerischen Ader und dem gemeinsamen Malen verschiedenster Bilder. Während meine frei assoziativen Gestaltungen hierbei von etwas Melancholisch-Schwerem geprägt waren, schienen seine Bilder hauptsächlich von farbenfrohen und lebendigen Motiven geprägt. Unter dem Verständnis der projektiv-identifikatorischen Abläufe zwischen uns bot ich ihm schließlich an, unsere Werke zu tauschen. Er nahm meine Bilder mit nach Hause, während seine bei mir verblieben. So erreichte unser Dialog eine spürbar veränderte, mitunter sehr berührende Dimension und dem Jungen wurde es möglich, mir unter Tränen seine tiefe Enttäuschung und Traurigkeit zu zeigen.

2.4 »Wer hält eigentlich den Container?« Todes- und Lebensangst des Kinder- und Jugendlichenpsychotherapeuten

»Wer hält eigentlich den Container« fragte mich tatsächlich einmal ein achtjähriger Junge unbedarft in einer Spielsituation mit verschiedenen Baustellenfahrzeugen. Auch wenn dies in diesem Moment eine eher belanglose Frage mit keinerlei absichtlichen Zusammenhängen zu existenziellen oder gar todesrelevanten Aspekten gewesen ist, lässt sich szenisch-dynamisch etwas davon erkennen. Darüber hinaus wird die unausweichliche relationale Ebene und deren dynamische Bedeutung erkennbar: Mir wäre ohne die begriffliche Verbindung zum »Container« als psychodynamischem Modell die Frage wohl nicht im Bewusstsein geblieben. So hat sie mich berührt und mein Inneres in erkennbare Schwingung gebracht, wobei meine schmunzelnde Antwort gewesen ist, dass ich »den wohl selber halten muss«. In meinen Überlegungen danach wurden mir die Tiefe dieser Frage und auch ihre eigentliche Unbeantwortbarkeit immer bewusster.

Die Idee des Nicht-Wissens beschäftigt mich persönlich beinahe, so lange ich denken kann. Viele meiner kindlichen Erinnerungen beziehen sich auf die zentrale Frage, wie man etwas sicher wissen könne. Dies umfasst viele verschiedene Bereiche, wie z. B. familiäre und persönliche Identitäts- bzw. Konfliktaspekte, also die eher klassischen Anwendungsgebiete der Psychoanalyse, die man damit auch sehr konstruktiv und hilfreich erreichen und entwicklungsfördernd bearbeiten kann.

Seit jeher lassen mich jedoch – auch bzw. besonders nach jahrelanger eigener psychoanalytischer Selbsterfahrung – besonders die vermeintlich großen oder eben kindlich-einfachen Lebensfragen nach dem Universum, nach Gott und schließlich nach dem Tod nicht los, die manchmal leider besonders aus psychodynamischer Sicht voreilig und ausschließlich als Abwehr oder gar Widerstand interpretiert werden. Selbstverständlich können diese kindlichen bzw. jugendlichen Beschäftigungen – immensen – Abwehrcharakter gegen verschiedenste emotionale Einsichtsbereiche haben, nur geht möglicherweise etwas Fundamentales verloren, wenn man sie allgemein zu schnell abtut bzw. als Therapeut selbst wieder verdrängt.

Bis heute begleitet mich staunend eine tiefe Demut darüber, wie wenig wir doch alle wissen bzw. wie viel wir nicht wissen! Und das besonders in einer Zeit, in der beinahe die gesamten Menschheitsinformationen nur einen Knopfdruck bzw. einen fragenden Hinweis an ein virtuelles Objekt entfernt sind. Bereits Sokrates hat mit seinen Aporien darauf hingewiesen, dass sein einziges Wissen sich darin findet, ein »Nicht-Wissender« zu sein. Um es auf unseren Tod zu beziehen: Er gilt als das einzig Gewisse im Leben und doch wissen wir nichts über ihn!

Ein neunjähriger, mir von den Eltern als emotional sehr kreativ, aber depressiv vorgestellter Junge meint in einer Begegnung plötzlich, dass es doch »interessant« sei: »Wenn ich das Handy berühre, reagiert es manchmal schon, bevor ich es berühre! Ich habe es schon ganz oft probiert, um herauszufinden, wie es auf mich reagiert.« Während er mir seine haptischen Versuche auf der Tischplatte vorführt und ich mit meinen Gegenübertragungsüberlegungen beschäftigt bin, versucht er mir anschließend angespannt-erregt, ja beinahe euphorisch zu erklären: »Eigentlich ist man doch bei jedem Tippen für einen ganz, ganz kurzen Moment die kürzeste Strecke ... also ich meine die wirklich allerkürzeste Strecke von der Oberfläche entfernt.« Nach einem kurzen Zögern ergänzt er eindrücklich: »Aber, wie kurz ist dieser Moment ... oder auch die Entfernung?«

Therapeutisches mag sich hier weniger um eine bewusst-sprachliche Deutung drehen als vielmehr um den szenisch angerührten und in Schwingung gebrachten »Raum des Nicht-Wissens« zwischen bzw. in uns, der in Worten ohnehin nicht greifbar zu sein scheint.

2.4 »Wer hält eigentlich den Container?«

Im Bion'schen Verständnis von Psychoanalyse geht es hier also darum, sich diesen Sphären anzunähern und als Therapeut soweit als möglich das auszuhalten, zu verdauen und entgiftet, d. h. für den Patienten denkbarer, zurückzugeben, was im Urgrund undenkbar, namenlos und alleine nicht zu halten ist. Dies entspricht der basalen menschlichen Bedürftigkeit nach Bezogenheit zu einem anderen Objekt, das diese Elemente als »Container contained« und ihnen schlussendlich Bedeutung gibt. Winnicott prägte hier den berühmten Begriff des »Übergangsobjektes« bzw. »Übergangsraumes«, mit dem er entwicklungsdynamisch exzellent ausgedrückt hat, wie der Mensch zeitlebens diese Ebenen zwischen innerer Wahrheit und äußerer Wirklichkeit auszuhalten und zu gestalten versucht.

Somit kann auch das vielbeschworene psychoanalytische Konzept der Triangulierung auf einer tiefen und – wenn man so will – mythisch-archaischen Dimension als das Halten des Nicht-zu-Haltenden gesehen werden. Einfach Da-Sein, besonders in schweren und belastend-verwirrenden Phasen, erscheint für die allermeisten Patienten ein zentraler Wirkfaktor einer psychotherapeutischen Behandlung zu sein.

Meine anschließende Reaktion auf die Aussagen des Jungen ist dabei ein selbststärkender Hinweis auf unsere Übertragungsbeziehung gewesen: »Vielleicht fragst Du Dich auch, wie nah es zwischen zwei Menschen werden kann? Hier zwischen uns beiden bestimmst das erstmal Du!« Damit konnte sich unmittelbar etwas im Raum lösen und der Junge entspannte sichtlich, zumal Selbstbestimmtheit nicht etwas war, mit dem er bisher sehr vertraut gewesen ist.

Die Akzentuierung dürfte deutlich geworden sein, auch wenn die Kinder und Jugendlichen in den beschriebenen Szenen den Tod nicht explizit erwähnen, nähern sie sich – unbewusst – Grenzbereichen und der elementaren Frage, wie viel man darüber wissen bzw. in Erfahrung bringen kann. Dies sind wiederum die Dimensionen, mit denen sich aus meiner Erfahrung besonders Kinder und Jugendliche auch bewusst auseinandersetzen. Vielleicht erfahren wir als Psychotherapeuten deswegen so wenig davon, weil an anderen behandlungsrelevanten Stellen gegraben wird und wir gleichzeitig in durchaus institutionellkollektiver Manier unsere existenziellen Ängste gemeinsam ganz tief begraben.

Der Rahmen bzw. das Setting einer psychodynamischen Therapie spielen bekanntermaßen eine entscheidende Rolle und bilden neben der Persönlichkeit des Behandlers ein fundamentales Instrumentarium. Darüber wird gewissermaßen der therapeutische »äußere Raum« erschaffen, über welchen überhaupt so etwas wie ein szenisches Verstehen und eine möglichst förderliche Auseinandersetzung im »Handlungsdialog« bzw. am »inneren Raum« des Patienten stattfinden kann.

Für den Psychoanalytiker haben die Rahmenbedingungen selbstredend gleichsam höchste Relevanz, wobei inzwischen die relationalen und intersubjektiven Ebenen der therapeutischen Beziehung ihre angemessene Würdigung erfahren. Der oben angeführte Bedeutungsaspekt des Ritus und dessen ordnender Funktion auf basal-existenzieller Dimension findet schließlich auch im Therapeuten seine Bedingung. Der Psychoanalytiker, besonders wenn er mit Kindern und Jugendlichen arbeitet, braucht den Rahmen genauso wie der Patient. Jeder hat dabei im Rahmen seiner Möglichkeiten und zum Wohle der eigenen Gesundheit – selbst – zu analysieren, wie sich diese persönlichen, aber auch institutionellen Strukturen auf sein Leben und seine Haltung zum Tod auswirken.

Lacan hat zum Beispiel mit dem Setting »gespielt« und den Zeitrahmen einer Sitzung nicht auf 50 Minuten festgesetzt, sondern individuell gestaltet. Jenseits von jeglicher angemessenen Kritik an diesem Vorgehen, die ihn übrigens auch ereilt und zu heftigen Kontroversen geführt hat, versteht Rey dieses unorthodoxe Vorgehen als Versuch, die erschreckende und alles andere in den Schatten stellende Unvorhersehbarkeit des Todes ins Bewusstsein zu bringen. Lacan war übrigens ein sehr vehementer Vertreter der Todestrieb-Hypothese und meinte, dass man Freud nicht verstanden habe, solange man keinen Zugang zu diesem Konzept habe (Rey, 2000).

Persönlich möchte ich neben einer immerwährenden Eigenreflexion in Inter- und Supervision, in Seminaren und im persönlichen Kontext die außerfachliche Betätigung betonen. Bereits Freud hat darauf hingewiesen, wie elementar für die eigene Psychohygiene kreative »Ablenkungen« sind (Freud, 1930). Gleichgültig ob es familiäre, künstlerisch-

2.4 »Wer hält eigentlich den Container?«

musische oder sportliche Aktivitäten sind und egal ob sie eher aktive oder passive Betätigung beinhalten, im Kern geht es um einen Gegenpol zum Tod und dessen Ausläufern, also um gelebte Lebendigkeit. Eine sehr schöne Anmerkung findet sich bei Ferro, der vom unbedingten Selbst-»Schutz des Analytikers« spricht. Während er verschiedene Ausgleichsaktivitäten zur »Entgiftung« anrät, beschreibt er als »das höchste Kompliment«, wenn ein Psychoanalytiker die Rückmeldung bekomme, dass »niemand je auf die Idee käme, ihn für einen Analytiker zu halten« (Ferro, 2003, S. 282).

Natürlich gilt es wie bereits erwähnt, darauf Acht zu geben, wie empfindsam die eigenen Aufnahme- bzw. Abwehrkanäle des Therapeuten hinsichtlich der Todesthematik ausgerichtet sind. Hört man eventuell die von den Patienten recht häufig dezent eingestreuten Hinweise in diese Richtung nicht, weil eigene innerseelische und in der Regel unbearbeitete Anteile und Ängste dies nicht erlauben? Bildet man sich gar ein regelrechtes Abwehrbollwerk gerade im Kontakt und bei der Arbeit mit Kindern und Jugendlichen, die doch so weit weg vom Tod scheinen? Diese Abwehrkonstellation mag von zweifelnden Überlegungen genährt werden, dass man doch insbesondere so belastete und vermeintlich psychisch labile Patienten – sowie sich selbst – nicht noch zusätzlich mit etwas so Schwerem und gleichzeitig Unvermeidlich-Banalem wie dem Tod belasten muss.

Gar keine Ausweichmöglichkeit ergab sich mir in der bewegenden Erstbegegnung mit einem jungen Erwachsenen, der beinahe vergessen hätte vom einige Stunden zuvor eingetretenen Tod seines Vaters zu erzählen. Die komprimierte Hintergrundbeschreibung dieser Situation lässt eventuell etwas von der Beziehungsatmosphäre erahnen und macht damit vielleicht auch die vorige Umschreibung und psychotherapeutische Bedeutung des »Nicht-Wissens« lebendiger:
Der Patient wird mir von seiner Mutter telefonisch vorgestellt. Ich erfahre dabei, dass ihr Sohn »deutliche depressive Verstimmungen« zeige und auch immer mehr und unkontrollierter esse. Erst am Ende des Telefonats eröffnet die Mutter mir, dass der Vater an Krebs im fortgeschrittenen Stadium leide, dies hätte »wahrscheinlich sicherlich« etwas mit den Schwierigkeiten ihres Sohnes zu tun.

Zur Erstbegegnung nach drei Wochen treffe ich nun in Begleitung seiner Mutter einen mich anlächelnden Adoleszenten, der geschwächt wirkend eine auffallend starke Anteilnahme auslöst. Irgendetwas erscheint regelrecht anziehend an ihm, während allmählich erst eine immer stärker werdende, diffuse Anspannung im Raum wahrnehmbar wird. Die zu Beginn kurz mit anwesende Mutter strahlt hauptsächlich etwas extrem Aufgeladenes, Getriebenes und auch Nicht-zu-Verortendes aus und sie verabschiedet sich ziemlich abrupt.

Der junge Mann schildert darauf seine Situation und benennt seine Schwierigkeiten bezüglich des Essens und auch, dass es ihm »zunehmend nicht gut« gehe. Gegenübertragend geschieht dabei reziprok Erstaunliches: Ich bin immer gefesselter oder vielmehr angerührt von ihm, und das nicht nur, weil er lächelnd- angespannt bemüht um mich, aber wohl auch um seine Selbstkontrolle scheint. Tatsächlich vergesse ich dabei den mir ja bekannten Krankheitshintergrund des Vaters und die vermutliche Todesnähe völlig.

Umso sprachloser macht mich dann seine Aussage: »Bevor ich's vergesse, mein Vater ist vorhin gestorben!« Dies geht bei mir mit gleichfalls schwer benennbaren, enorm nachhaltigen eigenen Affekten einher, die am ehesten mit Begriffen wie Verwirrung, körperliche Ge- und Betroffenheit, Anspannung und Fassungslosigkeit beschrieben werden könnten. Das dies unmittelbar vor dem Sitzungsende geschieht, trägt nicht unbedingt zu einer Beruhigung bei.

Der Patient hat inzwischen bei mir eine psychoanalytische Behandlung absolviert und ich werde hier nicht vertieft auf den Therapieverlauf eingehen. Vielmehr geht es um meine beschriebenen Empfindungen bei der Konfrontation mit dem »mitgebrachten« Tod. Diese lassen sich trefflich mit dem Begriff der Gegenübertragung umschreiben, wenn darunter die Dynamik zwischen der eigenen emotionalen Innenwelt und deren Berührt-Werden durch die des Anderen verstanden wird. Auch wenn meine direkte – auch äußere – Reaktion auf die Aussage des Patienten Fassungs- und Sprachlosigkeit gewesen ist, so konnte diese hochaufgeladene thanatologische Ebene des Nicht-Wissens im weiteren Therapieprozess gemeinsam berührt und bearbeitet werden. Die Eingangsbegegnung umfasste da-

2.4 »Wer hält eigentlich den Container?«

bei verschiedenste psychodynamische Konstellationen für den jungen Mann, wie unter anderem nicht zu wissen, wie es nun weitergehen soll? Konkrete lebenspraktische Fragen vermischten sich somit mit tiefer existenzieller Verunsicherung über die innerpsychische Verfassung, wobei die angeführte Symptomatik bereits vor der Krebserkrankung des Vaters aufgetreten war.

Dies bedeutet einen sehr wichtigen psychodynamischen Anhaltspunkt, da in der entsprechenden Krankheits- bzw. Persönlichkeits- und Entwicklungslehre von bedeutsamen lebensgeschichtlichen Einflüssen auf die individuelle psychische Struktur ausgegangen wird. Die schließlich im Leben auftretenden seelischen Krankheitssymptome werden dann überwiegend als Kompromisslösung zwischen diesen etablierten inneren Abwehrstrukturen und auf sie prasselnde äußere Ereignisse gesehen, die die bisherigen Bewältigungsmechanismen überfordern. In der Konfrontation mit unserer Endlichkeit kommt allerdings auch dieses Modell natürlich an seine Grenzen und insbesondere für Psychoanalytiker können Fragen aufkommen, wie die nach einer angemessenen Bedeutung dieser Grenzbereiche.

Auch mit dem Patienten spielen bei der Annäherung an den Tod seines Vaters lange vorwiegend aufnehmend-haltende und »verdauende« Elemente eine therapeutische Rolle. Als größte Herausforderung gestaltet sich dabei insbesondere das gemeinsame Herantasten an das überwältigende Erleben während des Sterbeprozesses: Der Vater war auf eigenen Wunsch zuhause palliativ versorgt worden und schließlich im Beisein der gesamten Familie verstorben. Besonders schockierend für den Patienten ist dabei das Miterleben gewesen, dass der Vater nicht, wie häufig – gerade unter einer angemessenen Versorgung – vermutet wird, vorwiegend friedlich »entschlafen« ist (vgl. Borasio, 2013). Dieses Erleben ist für ihn zutiefst verunsichernd und »nicht in Worte zu fassen«, wobei mir dies partiell genauso ergangen ist.

Assoziativ half mir persönlich dabei ein sehr berührendes Gedicht von dem jüdischen Schriftsteller Franz Werfel, an dem ich mich immer wieder festhielt. Es heißt:

2 Wie bedeutsam erscheint der Tod?

»*Der Allerletzte Augenblick*

Im Krankenzimmer, wenn's zu Ende geht,
links in dem Eck ein schmaler Engel steht.
Er ist gesandt, will Angst die Seele quälen,
zu helfen ihr, sich leichter loszuschälen.

Sein Auge strahlt und seine Stimme weht
Ins Ohr des Sterbenden, der sie versteht.
›Von allen Wesen‹ spricht er, ›die wir zählen,
Starb keins, das nicht gewollt. Auch du darfst wählen.‹

Der Kranke langsam seine Lippe schleckt,
zu prüfen, wie das Leben wirklich schmeckt.
Es schmeckt so angebrannt, so picklig-schal,
Unmöglich es zu schlucken noch einmal.
Ja oder Nein? Der Engel fragend blickt.
Dann lächelt er. Der Kranke hat genickt.«
(Franz Werfel, »Kunde vom irdischen Leben«; aus: Werfel F. [2019], Gedichte aus den Jahren 1908–1945. Frankfurt a. M.: S. Fischer)

Nun sprechen die erinnerten Bilder und die Atmosphäre, an die wir uns mit dem Adoleszenten in den gemeinsamen Begegnungen annäherten, allerdings eine völlig andere Sprache. Wobei Sprache hier vielleicht tatsächlich nicht ein stimmiger Begriff ist. Der Patient beschreibt die Vorgänge im Haus kurz vor dem väterlichen Tod wiederholt mit einhergehenden Schmerzen, Schreien, Verzweiflung und wahrlich nicht zu benennender Angst des Vaters. Er konnte sich diesen inneren Bildern nicht nähern, genauso wie er für längere Zeit das Grab seines Vaters nicht besuchen konnte.

Vielleicht mag es so etwas wie Trost und inneres Wachstum sein, dass der junge Mann dies im Verlauf der Therapie wiederholt geschafft hat und er sich in behutsamen Schritten neben seiner Trauer und Angst auch an seine verdrängte Wut anzunähern vermocht hat.

Mich für meinen Teil umwehte in diesem Prozess immer wieder ein Gedanke, den ich als Ahnung darstellen könnte. Die Ahnung des Nicht-Wissens und Nicht-Verstehens und der kontinuierliche Versuch, dies auszuhalten.

2.4 »Wer hält eigentlich den Container?«

»Wenn, was uns den Tod so schrecklich erscheinen lässt, der Gedanke des Nichtseins wäre, so müssten wir mit dem gleichen Schauder der Zeit gedenken, da wir noch nicht waren. Denn es ist unumstößlich gewiss, dass das Nichtsein nach dem Tode nicht verschieden sein kann von dem vor der Geburt, folglich auch nicht beklagenswerter«, schreibt Schopenhauer (1994, S. 595).

Über dieses Zitat, welches mir erst nach langer Durcharbeitungszeit spontan eingefallen ist, konnte ich etwas von der so verdichteten und elementaren Nähe des geschilderten Sterbeprozesses zu dem eines Geburtsvorganges erkennen.

Aufschlussreich erscheint hierbei die reziproke Annäherung an besagtes Nicht-Wissen und der Eintritt in elementare Fühlwelten jenseits von Kognition und Verstand: Je mehr ich mich meiner Vorgeburt nähere, desto dichter steuere ich vielleicht einer Ahnung vom Nicht-Sein und vom Tod entgegen. Für zahlreiche Psychoanalytiker bewegen sich die Empfindungen des Menschen im Angesicht des unbekannt-erschreckenden Todes in der Nähe von Affektregungen, die in irgendeiner Form bereits »erlebt, aber nicht erfahren werden konnten« (Winnicott, 1991) und das »unbekannt Bekannte« (Bollas, 2014), »Unheimliche« (Freud, 1919) oder »Präkonzeptionelle« (Bion, 1992) repräsentieren.

So sehr jedoch die Psychoanalyse traditionell Wert legt auf die intensive Selbsterfahrung des Therapeuten, so wenig scheint dabei die thanatologische Erfahrung bzw. das Erleben der Grenzbereiche von Geburt und Tod reflexiv betrachtet bzw. bearbeitet zu werden (vgl. Janus, 2015; Hierdeis, 2014). Das ist sehr schade, denn der Haltende hält sich wohl je zuverlässiger, je zuversichtlicher er gerade hinsichtlich seiner existenziellen Ängste und seines Nicht-Wissens ausgehalten worden ist.

Diesbezüglich kann ein Blick auf die biografischen Hintergründe spirituell-religiöser Größen der Menschheitsgeschichte aufschlussreich sein. Bei ihnen wird ein insoweit gutes und haltendes Lebensumfeld in der frühen Kindheit mit prägenden, vertrauensvollen Bindungspersonen beschrieben. Sowohl Jesus und seine feierliche Geburt als auch Buddhas wohlbehütete Kindheit und Mohammeds früh-vertraute Amme zeugen davon.

2 Wie bedeutsam erscheint der Tod?

Zusammenfassung

Grundlegende psychoanalytische Entwicklungs- bzw. Therapiemodelle lassen tiefe Bezüge zu einer Todesdynamik erkennen. Deren Anwendungsmöglichkeiten in der klinisch-praktischen Arbeit mit Kindern, Jugendlichen und ihren Familien erscheinen vielfältig, in jeder Beziehung und somit auch in jeder psychotherapeutischen Behandlung nehmen der Tod und seine Dynamik einen entscheidenden Stellenwert ein.

Es hängt dabei – wie bei vielen anderen Themenbereichen natürlich auch – von der Persönlichkeit des Kinder- und Jugendlichenpsychotherapeuten ab, inwieweit diese Sphären erkannt und in den Behandlungsprozess integriert werden können. Dabei erscheint die psychodynamische Annäherung an existenzielle Seelenbereiche in allen Fällen zielführend. Dieser tief menschlichen Ebene kann sich keiner entziehen und genau das darf nicht der Grund dafür sein, den Tod als vermeintlich zu banal-allgemeines Lebensthema aus Psychotherapien auszugrenzen. Vielmehr kann es sich als sehr förderlich und zielführend erweisen, wenn es besonders mit Kindern und Jugendlichen insoweit möglich gelingt, die Grenzbereiche von Leben und Tod konstruktiv in die therapeutische Beziehung zu involvieren.

Dadurch kann eine förderliche und für die jungen Patienten eher ungewohnte Beziehungsdynamik entstehen, denn sehr häufig behalten Kinder und auch Jugendliche ihre inneren Vorstellungen und Fragen zum Tod aus einer rücksichtsvollen Vorsicht den Erwachsenen gegenüber für sich.

Für solch eine wertschätzende Integration bedarf es einer wohl etwas modifizierten Selbstanalyse des Kinder- und Jugendlichenpsychotherapeuten. Dementsprechende hilfreiche Stützen können u.a. darin liegen, alle Menschen im Kern ihres Daseins als »Patienten des Lebens« zu betrachten und den angesprochenen »existenziellen Handlungsdialog« unter dieser Haltung zu reflektieren.

Vertiefende Literatur

Bion, W. (1992). *Lernen durch Erfahrung.* Frankfurt a. M.: Suhrkamp.
Bürgin, D. (1978). *Das Kind, die lebensbedrohende Krankheit und der Tod.* Bern: Hans Huber.
Di Gallo, A. (2002). Glaubst Du, dass du eines Tages sterben wirst? *Kinderanalyse, 10 (01),* 93–102.
Hierdeis, H. (Hrsg.) (2014). *Wie hältst du's mit dem Tod?* Göttingen: Vandenhoeck & Ruprecht.
Klein, M. (1997). *Das Seelenleben des Kleinkindes.* Stuttgart: Klett-Cotta.
Winnicott, D. (1991). Die Angst vor dem Zusammenbruch. *Psyche – Z Psychoanal, 45 (12),* 1116–1126.
Yalom, I. (2000). *Existenzielle Psychotherapie.* Köln: Edition Humanistische Psychologie.

Weiterführende Fragen

- Was halte ich vom Tod und was hält mich?
- Welche Erfahrungen habe ich selbst mit dem Tod?
- Woran kann ich als Kinder- und Jugendlichen- Psychotherapeut todesdynamische Bereiche erkennen?
- Was ist grundlegend im – kindlichen – Leben?
- Warum kann die Geburt auf existenzdynamischer Ebene nah am Tod verortet werden?

3 Geburt, Tod und das »Dazwischen«: Ontogenetische Entwicklungsdynamik des Todes bei Kindern und Jugendlichen

3.1 Empfängnis und existenzielle Dynamik

Der angeführten Spur von der individuellen Geburt und ihrer basalen dynamischen Interdependenz mit dem Tod soll nun nachgegangen werden. Bereits die Bibel und ihr »Buch der Weisheit« findet hier überraschend integrative Worte:

> »Auch ich bin ein sterblicher Mensch wie alle anderen, (…) Im Schoß der Mutter wurde ich zu Fleisch geformt, / zu dem das Blut in zehn Monaten gerann durch den Samen des Mannes / und die Lust, die im Beischlaf hinzukam. Geboren atmete auch ich die gemeinsame Luft, / ich fiel auf die Erde, die Gleiches von allen erduldet, / und Weinen war mein erster Laut wie bei allen. In Windeln und mit Sorgen wurde ich aufgezogen; / kein König trat anders ins Dasein. Alle haben den einen gleichen Eingang zum Leben; / gleich ist auch der Ausgang« (Weish 7, 1–14 EU).

Es scheint als beziehe sich Freud auf das obige Schopenhauer-Zitat am Ende des zweiten Kapitels (▶ Kap. 2.4), wenn er in seiner »Traumdeutung« schreibt:

> »Die Bedeutung der Phantasien und unbewussten Gedanken über das Leben im Mutterleib [...] enthalten sowohl die Aufklärung für die sonderbare Angst so vieler Menschen, lebendig begraben zu werden, als auch die tiefste unbewusste Begründung des Glaubens an ein Fortleben nach dem Tode, welches nur die Projektion in die Zukunft dieses unheimlichen Lebens vor der Geburt darstellt. Der Geburtsakt ist übrigens das erste Angsterlebnis und somit Quelle und Vorbild des Angstaffekts« (Freud, 1900, S. 391).

Die Psychoanalyse geht seit ihren Anfängen von einem Bestreben der Libido aus,

3.1 Empfängnis und existenzielle Dynamik

»welches als ihr verborgenstes und zugleich höchstes Ziel die Erreichung des Zustandes ist, in dem sich jeder Mensch einst befunden hat: der primärnarzisstische Zustand in der Intrauterinsituation. Über das Vornehmen symbolischer Gedanken und Handlungen kann der Mensch dieses ›verlorene Paradies‹ vorübergehend wieder betreten, jedoch nicht mehr in realer Weise« (Meyer, 2004, S. 147).

Pointiert lassen sich bei dieser Geburtsdynamik mit der Sexualität als Anfang und dem Tod als Ende unseres Lebens die beiden ursprünglichen Eckpfeiler der Psychoanalyse und deren enge Verbindung gut erkennen. Dies kommt umgangssprachlich u. a. in der französischen Umschreibung für den Orgasmus als »la petite mort« (»der kleine Tod«) zur Geltung. Auch in der »Scheide« lebt etwas vom Tod fort, die Ursprungsbedeutung leitet sich vom althochdeutschen »skeida« her, was wiederum mit den Begriffen »Scheidung«, »Trennung«, »Abschied« bzw. »Tod« gleichgesetzt werden kann. Interessant erscheint in diesem Zusammenhang der von Freud eingeführte Begriff der »vagina dentata« als »bezahnte Vagina«, der auf einen uralten patriarchalischen, in verschiedensten Kulturen vorkommenden Mythos zurückgeht. In verdichteter Form scheint hier die tiefe und existenzielle Ambivalenz zwischen »Fressen und Gefressen-Werden«, also dem Lebens- bzw. Todestriebhaftem auf (vgl. auch Klein, 1987, S. 173).

Yalom sieht die Psychodynamik des Todes als *den* grundlegenden Faktor für jegliche psychopathologischen Ausformungen (Yalom, 2000) und er verweist darauf, wie die Psychoanalyse seit jeher von der Todesdynamik intensiv begleitet wird. Der Tod sei von vielen Psychoanalytikern allerdings in »Trennung« übersetzt worden (ebd., S. 125) und somit schwinge er bei zahlreichen entwicklungspsychologischen bzw. therapeutischen Konzepten in jeglicher Relation subtil und eher unbemerkt mit.

Betrachtet man die menschliche Geburt als die primäre und – neben dem Tod – wohl fundamentalste menschliche Trennungserfahrung, dann dürfte die psychodynamische Korrelation im Hinblick auf ursprünglichen und zu befürchtenden Verlust deutlich werden. Borasio beschreibt aus medizinischer Sicht Geburt und Sterben gar als »Parallelvorgänge«, zwischen denen es erstaunlich viele Berührungspunkte gäbe. So sind es die einzigen Ereignisse, die allen Menschen, ja allen Lebewesen gemeinsam sind. Es sind beides physiologische Vorgänge, für welche die Natur Vorkehrungen getroffen hat, damit sie möglichst gut verlaufen (Borasio, 2013, S. 24 ff.). Dabei plädiert er als Palliativmediziner unter Einbezug zahlreicher Erfahrungswerte für ein möglichst natürliches Vorgehen bei beiden Prozessen und er bestärkt das Vertrauen in die ureigenen Fähigkeiten des Menschen.

Diesem Urvertrauen und der Frage nach seinem Etablierungsprozess kann man sich psychodynamisch besonders aus Sicht der physiologischen Frühgeburtlichkeit des humanen Säuglings annähern. Auf biologisch-existenzieller Ebene ist das Menschenbaby bei seiner Geburt und in der Zeit danach aufgrund seines noch unterentwickelten Organismus überlebensabhängig von seinen ihn versorgenden Bezugspersonen. Es stellte in der Geschichte der entwicklungspsychologischen Wissenschaft einen Meilenstein dar zu erkennen, dass diese basale Bedürftigkeit nicht nur physische, sondern auch psychisch-emotionale Regulationsebenen umfasst (vgl. z. B. Spitz, 2004; Bowlby, 1983). Das Kind wird sowohl körperlich als auch seelisch zu früh, d. h. noch relativ unreif und hilflos, geboren. Janus sieht hier den »Wurzelgrund« für die existenzielle Intensität menschlicher Beziehungen: »Es geht nicht nur um Sicherheit, sondern immer auch um die Bewahrung der Integrität, der inneren Einheit, die zu früh verloren wurde« (Janus, 2015, S. 48).

In der Psychoanalyse hatte man die Vorstellung entwickelt, dass das Kind vor der Geburt gewissermaßen in einer Art von halluzinatorischem oder traumartigen Erlebnismodus lebt, also in den Imaginationen der eigenen Gefühle und Impulse. Durch seine Frühgeburt befindet sich der Säugling weiter in diesem Erlebnismodus, der zwangsläufig durch das Schutzverhalten und die Versorgung der Eltern sogar bestätigt wird. Das Menschenkind lebt also sozusagen in zwei Welten: zum einen in der realen Welt und gefühlsbezogen zum Teil in einer zweiten, imaginativ-illusionären Welt, die als Makrokosmos so geschaffen wird, dass sie als gefühlter Ersatz für den Mikrokosmos der vorgeburtlichen Welt fungiert (ebd., S. 53–54).

Solche dynamisch auf das Vorgeburtserlebnis fußenden Situationen bzw. therapeutischen Szenen scheinen unermesslich, so ist besonders bei kleinen Kindern das Grundbedürfnis nach Höhlenbauten und

3.1 Empfängnis und existenzielle Dynamik

Versteckspielen immens. In meiner praktischen Erfahrung sind es dabei überproportional oft Kinder mit schwierig-belasteten und ungehaltenen Lebensumständen, die sich vor allem in den Übergangssituationen zu Beginn und am Ende einer Therapiestunde verstecken bzw. sich schwertun mit der unvermeidlichen Trennung. Manche Kinder scheinen dabei beinahe konkretistisch in einen »hineinzukriechen«, wobei auch ältere Jugendliche und Erwachsene so ein Gegenübertragungsgefühl hinterlassen können.

Zahllose Spielabläufe bzw. Phantasie- und Traumszenen scheinen dabei geburtsaffine Vorgänge wiederholend zu spiegeln: Albträume sind z. B. oft von Atemnot, der Gefahr des Fallens bzw. Abstürzens oder dem Gefühl des Sich-Bewegens, aber nicht Vorwärtskommens geprägt. Das allseits beliebte »Guck-Guck-Da-Spiel« kann gleichsam als kleines Experiment mit dem Nichtsein verstanden werden.

Weiter ist kollektivdynamisch auch auf – nicht nur bei Kindern – solch populäre Aktivitäten wie Jahrmarktskarussells, Achter- und Geisterbahnen, Spielplätze und Schwimmbäder mit ihren Riesenrutschen zu achten, die sich in ihren Erlebnissensationen nah an prä- und perinatalen Emotionserfahrungen zu bewegen scheinen (vgl. Janus, 2015). Dies wiederum lässt eine Ahnung aufkommen, was der erwähnte innere bzw. intermediäre Raum für uns bedeutet: Man weiß im wahrsten Sinne nicht (mehr), wo einem der Kopf steht, wo oben und unten ist. Man bewegt sich also in körpersensationellen Sphären, untermalt von einem Gefühl irgendwo zwischen schwereloser Freiheit und sich verlierendem Abgrund.

Ähnlich tief libidinöse Empfindungen lassen sich darüber hinaus in den gerade von Adoleszenten gerne frequentierten Clubs und Diskotheken finden, in deren dunklen Räumen in Verbindung mit den Rhythmusschwingungen regelrecht ekstatische Gefühle aufkommen können.

Ohnehin scheint gerade die akustische Fühl- bzw. Schwingungsebene ubiquitär und viele dürften die mächtige Kraft der Melodik und der Musik kennen bzw. erfahren haben. So denke ich beispielsweise beim imposanten Körpergefühl während des Hörens eines berührenden Musikstücks häufig an ein Neugeborenes und wie dieses, genauso wie der Empfänger der Melodie, eine Gänsehaut am Rücken bekommt. Nicht zuletzt auch hier wird die unmittelbare dynamische Nähe von erschreckenden und erhabenen Gänsehautmomenten erkennbar. Persönlich habe ich mich beim vorsingenden Wiegen meiner eigenen Kinder immer wieder schmunzelnd dabei ertappt, wie ich mich durch die rhythmischen Melodien quasi immer auch selbst mit beruhigt habe.

Dieses Selbstberuhigen wurde mir einmal von einem erwachsenen Patienten nähergebracht, der seinen Vater im Alter von drei Jahren verloren hatte. Dabei erläuterte mir der von heftigen Krankheits- und Todesängsten überflutete junge Mann die Kraft von Mantras und wie er bei solchen Panikattacken selbst erdachte Zeilen leise, aber tief und kräftig vor sich hin brumme. Nachdem er mich dabei wiederholt von der tatsächlich sehr beruhigenden Wirkung dieser »inneren Schwingungen« überzeugt hatte, empfehle ich heute in passenden Situationen selbst diese Vorgehensweise bei bestimmten Angstanfällen. Darüber hinaus bin ich sehr offen gegenüber mitgebrachten Handys oder Musikplayern, sofern über diese Medien gemeinsam mit den Kindern und Jugendlichen Melodien gefühlt und emotionale Räume adäquat geöffnet werden können.

Bei einem zwölfjährigen, sehr selbstschwachen und zurückgezogenen Jungen, dessen Vater aus Syrien stammt und der laut den Eltern sehr wenig Einsichts- bzw. Reflexionsfähigkeiten zeigte, war eine unserer Hauptbeschäftigungen lange Zeit das gemeinsame Hören seiner mitgebrachten Hip-Hop-Musik. Kurz vor Ende seiner auf Stabilisierung ausgerichteten Kurzzeittherapie erklärte er mir sehr bedeutungsvoll, dass er mir gerne einige seiner Lieblingslieder vorspielen wolle, die ihn alle »ganz tief im Herzen« berühren würden. Dabei handelte es sich ausnahmslos um moderne Rap-Songs, in denen es um Trennung bzw. Abschied, Verlust und Tod ging.

Psychodynamisch gesprochen kann also der Therapeut in bestimmten Konstellationen und unter insoweit angemessener Wahrung seiner triangulierenden Haltung durchaus selbst zum Belehrten bzw. zum

»empfangenden Kind« werden. Ich bin der Überzeugung, dass dies sowohl originäres psychodynamisches Arbeiten als auch eine stützende Bereicherung für die Patienten bedeutet.

Eine diesbezüglich integrative und gerade für Erwachsene nachspürbare geburtsdynamische Assoziation könnte die Empfindung bei einer schwereren Erkrankung mit Fieber sein, bei der man sich wegen der Überforderung des eigenen Immun- bzw. Regulationssystems »embryonal« unter der Decke als »Schutzhülle« zusammengekauert und – insgeheim – nach einem ersehnten Bezugsobjekt trachtet. Dieses erlangt im Angesicht des Todes unermessliche Bedeutung, so etwa wenn Sterbende als letzten Wunsch nach ihrer »Mama« rufen. Aus der Hospizarbeit sind zahlreiche Begebenheiten belegt, in denen sich die Sterbenden zu einem aufnehmenden und schützenden Objekt hingezogen fühlen (Borasio, 2013, Rohde-Dachser, 2009).

3.2 Die Psychoanalyse und ihr »Trauma der Geburt«

Als eine Wissenschaftsdisziplin, die sich der Erforschung von unbewussten Anteilen der menschlichen Psyche und deren dynamischen Entwicklung widmet, erkannte die Psychoanalyse schon in ihren Anfängen, dass die Geburt elementaren Einfluss auf das weitere Leben haben muss. Basale Abläufe wie das Verlassen des bis dahin schützenden und versorgenden Mutterleibes, das Einströmen unbekannter äußerer Reize sowie die autonome Übernahme von Körperfunktionsregelungen müssen so einprägsame und bedeutsame Ereignisse sein, dass sie sowohl auf das menschliche Erleben und Verhalten als auch auf unbewusste Gedanken, Phantasien und Wünsche nicht ohne Einfluss sein können (vgl. Meyer, 2004, S. 63). Dennoch sind diese Vorgänge, wie die gesamte frühe Kindheit einem bewussten Zugang entzogen, wobei Freud sich in seinen »Drei Abhandlungen zur Sexualtheorie« dem Rätsel dieser bemerkenswerten Amnesie genähert hat. Einen basalen Orientierungspunkt hat es dabei wie erwähnt in der Annahme gegeben, dass der Mensch einer »physiologischen Frühgeburtlichkeit« (Janus) unterliegt. Er beauftragte schließlich seinen damals engsten Vertrauten Otto Rank damit, sich mit diesen menschlichen Enigmen auseinanderzusetzen. Ganz nach seinem philologischen Hintergrund hat Rank mit zunächst größter Unterstützung Freuds anthropologisch-kulturelle und v. a. mythologische Hintergründe des Geburtsvorganges und deren klinische Bedeutung analysiert. Dabei hat er in Anlehnung an seine Überzeugung vom »Trauma der Geburt« die Grundangst des Menschen und seinen Umgang damit herausgearbeitet. Rank hat übrigens als einer der ersten Psychoanalytiker auch konkret mit Kindern psychotherapeutisch gearbeitet. Der zentrale Unterschied zu Freud bahnte sich wie bei den zahlreichen anderen Abtrünnigen der Pionierzeit in der Distanzierung von Freuds triebhaft-positivistisch orientiertem Standpunkt an. Rank zentrierte zunehmend die vorsprachlichen und szenischen Erfahrungen des Menschen im Mutterleib, bei der Geburt und in der Säuglingszeit als Wurzeln der neurotischen Konfliktdynamik in seinem Denken.

Rank sieht eine Urangst im Menschen, die ihn mit seiner Geburt – oder eventuell bereits davor – begleitet (Rank, 2006, S. 427). Diese innere und »mitgebrachte« Angst existiert zunächst unabhängig von äußeren Traumen und umschließt bereits die beiden elementaren und sich ambivalent bewegenden Anteile in sich, namentlich die »Lebensangst« und die »Todesangst«. Die Angst bei der Geburt, die Rank als Lebensangst bezeichnet, ist für ihn die Angst vor dem »Leben-Müssen als isoliertes Individuum«. Die von Anbeginn dualistische Angst hierzu sei die Todesangst, also die Angst vor dem Verlöschen der Individualität. Bei genauerer Betrachtung erkennt man hier bestimmte Parallelen zu Balints anschließender Theorie der Oknophilie und des Philobatismus (Balint, 1981, S. 183). Rank hebt hier hervor, dass man bei solchen Überlegungen über die menschlichen Grundprobleme sehr bald an die Grenzen des Metaphysischen stößt. Bereichernd und sichtlich gelassener als Freud meint er hierzu, dass dies auch keine Gefahr bedeute, »solange man nicht der Versuchung unterliegt, den einen Gesichtspunkt auf Kosten des anderen auszuschließen« (ebd.).

Darauf, dass Rank trotz Freuds erstaunlich langer Gedankenkonformität im Anschluss genauso wie zahlreiche Andersdenkende aus der

3.2 Die Psychoanalyse und ihr »Trauma der Geburt«

psychoanalytischen Gemeinschaft regelrecht »eliminiert« und »totgeschwiegen« wurde, sei hier lediglich hingewiesen. Eine weitere hinwendende Vertiefung dieser Ebenen und der »Geburt« bzw. »Frühzeit« der Psychoanalyse könnte sich gerade aus existenzieller Perspektive als sehr lohnend erweisen, zumal man dieses höchst aufgeladene Zerwürfnis als einen folgenreichen Zentralkonflikt der frühen Psychoanalyse bezeichnen kann (vgl. hierzu Janus, S. 17 ff. und Liebermann & Wirth in Rank, 2006). Der unbearbeitete Konflikt zwischen Freud und Rank hatte rückblickend selbst gewissen traumatischen Charakter für die damals noch recht kleine psychoanalytische Gruppe. Die Thematisierung der psychologischen Bedeutung der Geburtserfahrung blieb trotz der sich annähernden Arbeiten von Klein, Bion und Winnicott in der engeren Psychoanalyse lange Zeit ein Tabu. Bis heute begleitet sie analog zur Todesbeschäftigung etwas Verrucht-Unwissenschaftliches oder gar Verbotenes.

Möglicherweise kann man diese Verbots- und Grenzzonen über folgende Falldarstellung berühren, mit deren Beschreibung es vorwiegend darum geht, einen therapeutisch relevanten Zugang zu den umschriebenen Lebens- und Grenzbereichen zu bekommen:

Dabei geht es um ein Erlebnis in einem Elterngespräch mit der Mutter und dem Vater eines neunjährigen Mädchens, das aufgrund von multiplen Ängsten und Selbstinsuffizienzgefühlen in Therapie bei mir gewesen ist. Die Mutter war zu diesem Zeitpunkt im sechsten Monat schwanger und wir kamen eben darauf zu sprechen. Es entspann sich dabei gegenübertragend eine wohlige, regelrecht behütet wirkende Atmosphäre, die spontan abbrach, als der Vater die beiden vorangehenden Fehlgeburten in den vergangenen Jahren ansprach. Dies sei auch der Grund, warum die Patientin erst »so spät« ein Geschwister bekommen sollte. Der Vater hielt hier inne und er fragte mehr sich als mich, ob vielleicht die Schwierigkeiten seiner Tochter auch damit zu tun haben könnten! Auf meine Frage, wie er darauf komme, schilderte er, wie er mit der Zeit bemerkt habe, dass ihn diese Fehlgeburten »im Nachhinein« sehr getroffen hätten. Er meinte: »Kurz darauf war es gar nicht so schlimm«, und auf meine Nachfrage erklären beide Eltern, dass sie somit auch nicht auf die

Idee gekommen seien, mit ihrer Tochter darüber zu sprechen: »Es hätte sie ja doch nur beunruhigt ... oder traurig gemacht!« Mutter und Vater beschrieben dann in berührender Art und Weise die Vorsorgeuntersuchungen und vor allem ihre Empfindungen beim Betrachten der Ultraschallbilder. Sie konnten über ihre Freude beim Erblicken der ersten Herzschläge sprechen und ihre jeweiligen Phantasien über »unser Kind«, wobei beide Frühschwangerschaften unterschiedlich dargestellt wurden. Der zweite Embryo sei weiter entwickelt gewesen, und es kommt auch bei mir große Traurigkeit auf, als der Vater beschreibt, wie bei der nächsten Untersuchung kein Herzschlag mehr zu sehen gewesen sei. »Das Kind ist abgegangen«, hätte die Gynäkologin gemeint, wobei besonders die Mutter betont, wie sehr sie das getroffen habe, und sie ergänzt, dass generell kein »wirklicher Raum für Gefühle« im Alltagsgeschäft des Krankenhauses vorhanden gewesen sei. »Es schien, als sei es verboten, darüber zu sprechen«, meinte die Mutter. »Oder sogar nachzudenken«, ergänzte ich.

Wir kamen darüber zum Begriff der »Fehlgeburt« und beide Eltern räumten ein, wie oft sie sich inzwischen gefragt hätten, was sie eventuell falsch gemacht hatten. Darüber konnte schließlich die Verbindung zu ihrer Tochter und der anfänglichen Frage des Vaters gezogen werden. Damit wurde es – auch im weiteren Therapieverlauf mit der Patientin – möglich, gemeinsam über den Verlust, die Trauer, aber in Ansätzen auch über das Aushalten einer gewissen Hilflosigkeit zu reden, die sich nicht zuletzt in den Begrifflichkeiten zeigt: Wann, wo und wie beginnt das Leben und wie trauert man um ein Wesen, das noch »gar nicht richtig da gewesen ist«?

3.2.1 Haltgebende Lebensräume und Rituale

Mit Bezug auf die ubiquitäre Lebensbedeutung von Halt und Orientierung gebenden Strukturen für alle Menschen, könnte mit den Eltern bei allen entsprechenden Verlust- bzw. Todesthemen über die existenzielle Relevanz des Rituellen nachgedacht werden. Darüber ließe sich eine annähernde Auseinandersetzung darüber erreichen, welche indivi-

3.3 »(Wann) Ist der Tod begreifbar?«

sauber« sei. Dabei hält der Junge mir wiederholt sogar das benutzte Toilettenpapier hin, auf dem ich meinerseits nichts erkennen kann. Dieses Hinhalten erwies sich mir im Nachhinein als Schlüsselszene, nach welcher der Jugendliche sich sichtlich beruhigte und das Geschehen in diesem Moment loslassen konnte.

Kinder von vier bis sechs Jahren

In dieser Phase wird vom Beginn des intuitiven Denkens ausgegangen. Das Kind entwickelt die Fähigkeit, ordnend und einstufend zu denken, kann dabei aber die kausalen Hintergrundbedingungen vieler Handlungen und Prinzipien noch nicht voll erfassen. Besonders Gewissens-, Bestrafungs- und Schuldaspekte bekommen immer mehr Gewicht, so kann der Tod nahestehender Menschen als Strafe verstanden werden. Es manifestiert sich die Erkenntnis, dass der Tod Trennung bedeutet, wenngleich noch animistische Einstellungen verbreitet sind. Das Kind ist dabei häufig noch der Überzeugung, dass Tote lediglich schlafen, und es fragt sich somit z. B. bei Beerdigungen, ob der Verstorbene nun keine Luft mehr kriege bzw. Schmerzen und Unbehagen empfinde. Zum Ende dieser Phase verinnerlicht das Kind zunehmend die Endgültigkeit des Todes.

In dieser Lebensphase steht *aus psychoanalytischer Warte* der ödipale Konflikt im Zentrum der psychischen Entwicklung. Dabei geht es bekanntlich in der konflikthaften Auseinandersetzung mit den Eltern bzw. Bezugspersonen um die Etablierung des Über-Ich, mit welchem schließlich das Realitätsprinzip verankert werden kann.

Hinzuweisen wäre noch auf den essenziellen Aspekt der Schuld, diese existiert laut Rank von Beginn der Existenz an und wird von Yalom »existenzielle Schuld« genannt (Yalom, 2000, S. 180). Klein hat womöglich etwas Ähnliches impliziert, indem sie die Entstehung des Über-Ichs an den Beginn der menschlichen Existenz verortet hat. In ihren Gedanken stellt die Dankbarkeit eine tiefe Selbsterkenntnis im Lebenslauf dar und bildet darüber ein fundamentales Lebensziel. Diese lässt sich über die bereits erwähnte Frühgeburtlichkeit und die damit unabwendbare Abhängigkeitsschuld des Menschenkindes verstehen.

3 Geburt, Tod und das »Dazwischen«

In einer turbulenten Spielszene mit einem achtjährigen Mädchen macht mir dieses wiederholt Vorwürfe. »Aber ich hab doch gar nichts gemacht«, fährt es schließlich aus mir heraus. »Doch, Du bist da!«, meint sie darauf eindrücklich.

Yalom weist darauf hin, dass der Mensch mit solch beginnender Erkenntnis zunehmend Verantwortung trägt, wobei dies nicht moralisch oder parentifizierend, sondern existenziell konnotiert ist:

> »Sich der Verantwortung bewusst zu sein heißt, dass man sich dessen bewusst ist, dass man sein eigenes Selbst, sein Schicksal, sein Lebensdilemma, seine Gefühle und, wenn es der Fall ist, sein eigenes Leben erschafft« (ebd., S. 261).

Diese Schuld- bzw. Selbstbewusstwerdung stellt keine Nichtigkeit dar, vielmehr werden dadurch im seelischen Innenraum basale Abläufe und paranoide Ängste – wieder – angestoßen, die sich nah im Bereich der »Bodenlosigkeit« (vgl. Yalom, S. 264) bewegen und die Sphären berühren, die die Psychoanalyse mit Begrifflichkeiten wie »unvorstellbare Angst« und dem Gefühl des »Auseinanderfallens« zu beschreiben versucht.

Selbsterkenntnis ist von jeher das Ziel der Psychoanalyse. So zentriert die fundamentale ödipale Lebensauseinandersetzung ein einfacher Kern: Sich im Dasein erkennen heißt sich annehmen können als bedürftiges, verletzliches, aggressives, triebhaftes und kreatives Wesen auf der einen *und* als begrenzt endliche Gestalt auf der anderen Seite. Für eine lebenswerte Entwicklung gilt es so erträgreich wie möglich zu akzeptieren, dass es mich gibt und dass ich, Mama und Papa bzw. meine Bezugsmenschen getrennte individuelle Wesen sind. Vor allem gilt es auszuhalten, dass ich etwas zu verlieren habe.

Mit anderen Worten geht es um elementare Grenzen. Im Kern unseres Selbst sehnen wir uns wohl alle nach dem »heldenhaften Über-Du«, während wir gleichzeitig glauben, selbst der »letzte Retter« bzw. der »große Heros« zu sein. Die Relativierung dieses Axioms dürfte ein wesentliches (ödipales) Reifungsprinzip im Lebensprozess – jenseits des Lustprinzips – darstellen.

Kinder von sechs bis neun Jahren

Hier wird das Denken des Kindes insgesamt flexibler und der Tod tritt darin oft personifiziert als böser schwarzer Mann, Teufel oder Skelett auf. Das Kind hängt der Vorstellung an, dass der Tod es ereilt, sobald bzw. weil es böse gewesen ist, gleichzeitig kann man ihm aber auch durch List und Tücke entkommen. Diese Überzeugung der Vermeidbarkeit des eigenen Todes lässt sich jedoch nur schwer aufrechterhalten und das Kind beginnt nun »wirklich« zu verstehen, dass jeder lebendige Organismus einmal sterben wird. Dabei entwickelt sich das endgültige Begreifen der Gefühllosigkeit von allem Totem in der Regel spät in dieser Phase. Erst im Alter von etwa acht Jahren ist etwa die Vorstellung möglich, dass Tote keinen Hunger haben, nicht frieren und auch keine Angst oder Traurigkeit verspüren. Erinnert sei daran, dass die Vermenschlichung des Todes einen bis ins hohe Alter gängigen und vertrauten Abwehrvorgang bilden kann.

»Die anthropomorphisierte Furcht vor dem Tod begleitet uns unser ganzes Leben hindurch. Der Mensch ist selten, der nicht auf irgendeiner Bewusstseinsebene weiterhin Angst hat vor Dunkelheit, Dämonen, Geistern oder irgendwelchen Repräsentationen des Übernatürlichen« (Yalom, 2000, S. 124).

Kinder von neun bis zwölf Jahren

Mit dem Übergang vom formal zum abstrakt operationalen Denken werden nun zeitliche und ursächliche Zusammenhänge in die Vorstellungen über das Lebensende integriert. Der Tod wird endgültig und Kinder, die nicht persönlich vom Tod eines nahen Angehörigen betroffen sind, bilden zum Teil großes Interesse an Leichen und Sterbensvorgängen, aber auch weiter an mythisch-archaischen Themen aus.

Das Denken bildet sich analog zu Piagets formal operationalem Stadium unabhängiger von der konkreten Erfahrung aus.

»Der Tod bedeutet nun nicht mehr bloß den Abschluss des Lebens, sondern er spiegelt eine dialektische Notwendigkeit, das Bewusstsein, dass es ohne Tod auch kein Leben gibt« (Di Gallo 2002, in Bürgin & Di Gallo, 2006, S. 81).

Die in der ödipalen Bewusstseinswerdung umschriebenen intrapsychischen Geschehnisse erreichen in dieser anschließenden Lebensphase,

3 Geburt, Tod und das »Dazwischen«

der aus *psychoanalytischer Sicht* betitelten Latenzzeit, aus meiner Erfahrung einen gewissen existenziellen Höhepunkt. Während die triebhaft-sexuellen Regungen in dieser Übergangsphase von der Kindheit in die Adoleszenz eher versteckt und im Hintergrund zu sein scheinen, so tritt das Thanatologische vehementer in Erscheinung.

Auf den Tod bezogen habe ich nachhaltig die behandlungspraktische Erfahrung gemacht, dass hier regelrecht etwas »einzubrechen« scheint und der Begriff Latenz eher unpassend wirkt. Auffallend viele Kinder zeigen in diesem Alter, häufig ausgelöst durch entsprechende reale oder phantasierte Verlusterlebnisse, eine erhöhte Unsicherheit und Vulnerabilität mit stark regressiven Tendenzen. Sie ängstigen sich, für das familiäre Umfeld häufig völlig unverständlich, vor Einbrechern, Entführern oder allen möglichen Katastrophen.

Der drohende Verlust des Kindlichen und der damit verbundenen – bis dahin stützenden – Allmachtsphantasien, einhergehend mit der noch bevorstehenden Identitätsfindung der Adoleszenz, lassen dabei in Verbindung mit der wahren Bewusstwerdung der eigenen Sterblichkeit wohl ein hochempfindsames seelisches Konsortium entstehen. Diese Zeit hat beispielsweise in der Anthroposophie einen zentralen Stellenwert und wird in ihrem entscheidenden Übergangscharakter als »Rubikon« bezeichnet.

Kinder ab zwölf Jahren und Jugendliche

Speziell in diesem Altersabschnitt der beginnenden Adoleszenz, in dem es zentral um den identitätsstärkenden Umbau bzw. den Neuaufbau der psychischen Organisation geht, tritt die allgemeine Todes- bzw. Endlichkeitsvorstellung dem natürlichen Lebensprozess nochmals massiv entgegen.

Hier steht *psychodynamisch betrachtet* für die Jugendlichen die Etablierung von Selbständigkeit und Verantwortungsbewusstsein im Vordergrund, welche durch das Ablösen von den Hauptbezugspersonen mit Ängsten vor Isolierung, Einsamkeit und Kontrollverlust korrespondiert. Somit kann der Gedanke bzw. die Erfahrung des Todes ohnehin vorhan-

3.3 »(Wann) Ist der Tod begreifbar?«

dene Desintegrationstendenzen bei den Adoleszenten zum Teil massiv verstärken. Zentrale Bewältigungsmechanismen stellen hier die verstärkte Besetzung des eigenen Selbst sowie intensive Hinwendungen an subkulturelle bzw. ideologisch orientierte Gruppierungen außerhalb des vertrauten Familiensystems dar.

Das Spektrum des Umgangs mit der Endlichkeit reicht dabei von einer fast vollständigen, regressiven Verdrängung der Todesängste bis zu heftigster, oft mit Wut oder Aggression vermischter Furcht und zu einer regelrechten »Todessehnsucht« mit dementsprechend provokantem bzw. risikoaffinem Verhalten). Neben den rationalisierenden bzw. intellektualisierenden Tätigkeiten, wie z. B. dem Philosophieren und künstlerischen Aktivitäten, sind hier die hektischen und hyperaktiven Abwehrmaßnahmen, wie z. B. Panikattacken und Schlafstörungen, aber vor allem auch die Suizidphantasien und Suizidversuche zu nennen (vgl. Grieser, 2018, S. 58).

Prominente Bedeutung in der pubertären Lebensphase gewinnt die Auseinandersetzung mit den körperlichen Veränderungen und den neu aufkeimenden libidinös-sexuellen Triebkräften. Die psychodynamisch ohnehin enge Verbindung von Tod und Sexualität bzw. Körperlichkeit bekommt nochmals eine neue und tiefe Dimension. Dabei scheinen weibliche Jugendliche diese Triebregungen eher in ihrem Inneren, also internalisierend zu verhandeln, während männliche Adoleszente zu externalisierenden Verhaltens- bzw. Bewältigungsmustern neigen. Als ein typisches Exempel für die erstere Variante dürfte die Magersucht gelten, welche nach psychodynamischem Verständnis einer aktiven Kontrollübernahme dieser anderweitig nicht zu bewältigenden thanatologisch-sexuellen Impulse dient. Darüber hinaus birgt das anorektische Symptombild ein tief projektives bzw. projektiv-identifikatorisches Element: Der Tod wird ins Umfeld und auf die Mitmenschen verlagert. Diese zeigen bei entsprechend ernsten Symptomverläufen teilweise erschütterte Reaktionen auf das kachektische Körperbild der Betreffenden, die wie »der wandelnde Tod« wahrgenommen werden (ebd., S. 61). Die PatientInnen selbst wirken diesbezüglich – manchmal bis zuletzt – unbedarft und nicht betroffen, was nicht selten zu lebenserhaltenden Zwangsmaßnahmen führen muss. Beispiele für externalisierende Abwehrmuster, welche wie erwähnt häufig, aber nicht ausschließlich von männlichen Jugendlichen bevorzugt werden, sind die zahlreichen »thrillartigen« Aktivitäten, wie riskante Fun-Sportarten, Mutproben und Drogenexperimente, in denen man sich aktiv und bewusst in Lebensgefahr bzw. in entsprechende Grenzbereiche bringt.

Da nunmehr die kindlich-magischen Allmachtsphantasien ihren unterstützenden Gehalt zu verlieren drohen, tritt die »wahre« Erkenntnis der eigenen Existenz und deren Endlichkeit unverhüllter und mitunter schlagartig überflutend in Erscheinung. Als kollektiv haltender Rahmen fungieren hier die traditionellen Initiationsriten vom Übergang des Kindes ins Erwachsenenalter. Auch wenn diese in unseren Breiten zunehmend an manifester Bedeutung zu verlieren scheinen, so entfalten sie beispielsweise über die schulischen Übergänge oder die kirchlichen Konfirmations- bzw. Kommunionsbräuche auch in vermeintlich moderneren Gesellschaften dennoch ihre Wirkung. »Die Kindheit ist vorbei, wenn man weiß, dass man sterben muss« ist ein drastisch verdichteter Satz der häufig benutzten Aussage, dass Kind-Sein dann aufhört, wenn die eigenen Eltern gestorben sind.

3.3.1 Existenzielle Psychotherapie, psychotherapeutische Existenz

Gerade aufgrund der erwähnten Tabuisierung kann bei einer Beschäftigung mit dem entwicklungs- bzw. psychodynamischen Einfluss des Todes auf unser Leben Irvin Yalom nicht unerwähnt bleiben. Er hat sich als einer von wenigen Psychotherapeuten sehr ausführlich und intensiv einer Erforschung der kindlichen Thanatologie gewidmet.

Yalom versteht als Autor des Grundlagenwerkes »Existenzielle Psychotherapie« diese behandlungstechnische psychodynamische Ausrichtung (Yalom, 2000, S. 16) weniger als konservative Therapieschule, denn als orientierende Geisteshaltung, die in vielem Parallelen zur Daseinsanalyse beinhaltet (Condrau, 1991).

Ihm geht es dabei um »letzte Dinge«, wie Freiheit, Isolation und Sinnlosigkeit, an deren Gipfel als das grundlegendste menschliche Thema der Tod stehe. Er kann nur darüber staunen,

»warum es solch einen Drang zur Umdeutung [der Todesangst; Anm. D. K.] gibt. (...) Eine Todesfurcht kann eine Todesfurcht sein und ist nicht übersetzbar in eine ›tiefere‹ Furcht. Vielleicht ist es (...) nicht eine Übersetzung, die

3.3 »(Wann) Ist der Tod begreifbar?«

der neurotische Patient braucht; er oder sie ist vielleicht nicht außer Kontakt mit der Realität, sondern statt dessen zu nahe an der Wahrheit, weil er nicht in der Lage ist, normale ›Verleugnungsmechanismen‹ wirken zu lassen« (ebd., S. 74).

Kernaussage von Yaloms gesamtem Schaffen bildet dabei die Erkenntnis, dass gerade unsere so weit als möglich bewusste Auseinandersetzung mit unserer Sterb- und Endlichkeit das Leben zutiefst bereichern könne. Dieser Gedanke findet sich bereits bei Freud – vielleicht mit etwas melancholischerem Beiklang – in seinem Essay über »Vergänglichkeit«. Dort beschreibt er auf wenigen sehr ausdrucksstarken Seiten, wie der »Vergänglichkeitswert« ein »Seltenheitswert in der Zeit« sei. »Die Beschränkung in der Möglichkeit des Genusses erhöht dessen Kostbarkeit« (Freud, 1916, S. 225).

Yalom stellt vier grundlegende und einfache Postulate hinsichtlich des Todes und seiner Rolle in Psychopathologie und Psychotherapie auf (zit. nach Yalom, 2000, S. 42):

1. Die Todesfurcht spielt eine wesentliche Rolle in unserer inneren Erfahrung; sie verfolgt uns wie nichts anderes; sie rumort ständig unter der Oberfläche; sie ist eine dunkle, unstete Präsenz am Rande des Bewusstseins.
2. Das Kind ist im frühen Alter ausgiebig mit dem Tod beschäftigt und seine hauptsächliche Entwicklungsaufgabe ist es, mit den erschreckenden Ängsten vor der Vernichtung umzugehen.
3. Um mit diesen Ängsten umgehen zu können, errichten wir Abwehrmechanismen gegen die Bewusstheit des Todes, Abwehrmechanismen, die auf Verleugnung gründen, die die Charakterstruktur formen und die, wenn sie nicht gut angepasst sind, zu klinischen Syndromen führen. Mit anderen Worten, Psychopathologie ist das Ergebnis ineffektiver Modi der Transzendenz des Todes.
4. Schließlich kann ein solider und effektiver Ansatz der Psychotherapie auf der Grundlage der Bewusstheit des Todes konstruiert werden.

Yalom erkennt dabei, dass die Art des Kindes, mit der Todesbewusstheit umzugehen, auf Verleugnung gründet. Die zwei »Hauptbollwerke dieses Verleugnungssystems« sind der archaische Glaube, dass man entweder »persönlich unverletzlich« ist und/oder von einem »letzten Retter« ewig beschützt wird (ebd., S. 139).

Dieser Gedankengang ist ähnlich bei Heinz Kohut und der von ihm begründeten Selbstpsychologie beschrieben. Kohut sieht dabei vor allem zwei Konfigurationen, mit denen das Kind den Verlust des narzisstischen Urzustandes zu kompensieren sucht: einmal die archaische idealisierte Elternimago (Kohut, 1976, S. 75 ff.) und, in engster Verbindung hierzu, das archaische Größenselbst (ebd. S. 127 ff.). Das Kind pendelt nach Kohut zwischen diesen beiden Figuren hin und her, ohne beide als Widerspruch zu erleben. Wichtig hierbei erscheint, dass die Eltern ihrerseits in einer verbindenden Dynamik das Kind idealisieren und es somit in seinem Größen-Selbst bestätigen. Dies hat Freud in seiner »Einführung des Narzissmus« so dargestellt, dass das Kind »wirklich wieder Mittelpunkt und Kern der Schöpfung« und keinen Naturgesetzen, geschweige denn dem Tod, unterworfen sein soll (vgl. Freud, 1914, S. 57).

Psychodynamische Überlegungen

Die in diesem Kapitel zusammengestellten Hinweise können als Orientierung im professionellen bzw. psychotherapeutischen Umgang mit Kindern und Jugendlichen sehr hilfreich sein, insbesondere wenn es um aufzuarbeitende – konkrete – Verlust- bzw. Trauerkontexte geht. Aus psychodynamisch-existenziellem Blickwinkel muss jedoch auch hier auf das Ominöse des Todes für uns alle hingewiesen werden. Entsprechende Phasenmodelle verleiten meines Erachtens dazu, den Tod und dessen Ausläufer aus einer zu vernünftig-kopflastigen und vermeintlich reifen Position heraus zu betrachten. Bezeichnenderweise schnitten in entsprechenden Untersuchungen die meisten Erwachsenen beispielsweise beim Aspekt der Irreversibilität »schlechter« ab als die meisten Kinder. Frazer weist hier trefflich darauf hin, dass eine weltweite Befragung aller Menschen im Punkt der Endgültigkeit bzw. Unwiderruflichkeit des Todes das eindeutigste Ergebnis aller möglichen Umfragen ergeben würde, »dass die Mehrheit sich zugunsten eines Lebens nach dem Tod aussprechen würde« (in Silverman & Silverman, 2014, S. 51).

3.3 »(Wann) Ist der Tod begreifbar?«

Symbolisierung, Mentalisierung und der Tod im »Als-ob-Modus«

Hier sei nochmals auf etwas Einfaches der essenziellen menschlichen Urabwehr hingewiesen: Sie kann und wird im Leben nicht überwunden oder bewältigt werden, genauso wenig wie alle menschlichen Grundkonflikte je gelöst werden könnten. Das Leben ist Dynamik und der Seelenapparat eines jeden Menschen, egal wie groß oder klein, bezieht sich im Angesicht des Todes zeitlebens auf die von ihm erlebten und im besten Fall erfahrenen Abläufe regressiv zurück. So kann Entwicklung aus einem dynamischen Standpunkt nicht vorwiegend als linear ablaufender Prozess betrachtet werden, bei dem eine Lebensphase mithilfe einer nächsten überwunden wird. Vielmehr bleiben diese Phasen zeitlebens innerseelisch vorhanden und werden je nach den zu bewältigenden Altersaufgaben im Hinblick auf die Auseinandersetzung mit der Endlichkeit des Seins mal mehr und mal weniger ertragreich verwendet.

Gerade psychoanalytische Entwicklungsmodelle befassen sich traditionell mit den frühesten Erfahrungen des menschlichen Wesens und versuchen, deren Bedeutungen bzw. Auswirkungen zu erfassen. Konzentrisch erweist sich dabei von Anbeginn der Aufbau des eigenen psychischen Raumes, den es vom »auftauchenden Selbst« (D. Stern) an mit entsprechenden Abwehrmechanismen zu verteidigen gilt. Von Beginn an gibt es also viel, nämlich seine eigene Welt, zu verlieren.

In unzähligen Spielsituationen geht es mit den Kindern ums Verlieren oder eben Nicht- Verlieren-Können. Gleichgültig ob es dabei um narzisstische Höhenflüge mit grandiosem Größen-Selbst, oder um lethargische »Mir-egal«-Haltungen der Kinder geht, immer schwingt die Bedrohung des fundamentalen Verlustes mit.

In Beziehung zu unserem Tod tritt dabei ein Mechanismus hervor, der wohl nicht überbewertet werden kann und der im psychoanalytischen Denken von jeher einen zentralen Stellenwert im Betrachten der menschlichen Lebensentwicklung einnimmt: der ödipale Konflikt und die Fähigkeit zum Symbolisieren bzw. Mentalisieren. Man spricht besonders bei der spielerischen Welterkundung des Kindes von der Errichtung eines Als-ob-Modus, also um die mentale Differenzierungsfähigkeit, ob es sich um reale oder phantasierte Abläufe handelt.

»Die Fähigkeit, in einer Symbolwelt fern der Welt körperlicher und biologischer Objekte zu leben, kennzeichnet die menschliche Entwicklung. Die Fähigkeit, zu Ersatzobjekten (Symbolen) überzugehen, führt aus der Angst heraus, sie ist aber auch ein Entwicklungsschritt« (Hinshelwood, 1991, S. 636).

Welches Ersatzsymbol findet man jedoch für das Unsymbolisierbare? Im Angesicht des Todes und unserer Endlichkeit ist der Mensch immerwährend getrieben, einen erweiterten Als-ob-Modus zu erschaffen, gleichgültig wie einfühlsam er seine nächsten Bezugspersonen im Hinblick auf eine Endlichkeitsvermittlung erlebt haben mag. Gerade weil wir in der entsprechenden Altersphase unsere Kreatürlichkeit (als endliche Kreaturen) bewusster erkennen, sind wir fortan für ein psychisches Überleben gezwungen, in unserem Inneren in irgendeiner Form so zu tun, als ob wir selbst nicht wirklich sterben können.

Machen wir uns also nichts vor: In Anbetracht unserer End- und Sterblichkeit machen wir uns alle etwas vor! Kreativer formuliert könnte man behaupten, dass wir ein Leben lang spielerischer und damit auch toleranter bleiben sollten. Dies hat Winnicott wohl mit seiner Formulierung »Vom Spiel zur Kreativität« gemeint.

Mit Montaigne lässt sich die lebensnotwendige Verleugnung des Todes auch etwas humorvoller beschreiben: Er weist darauf hin, dass ja der Bauer auf den Tod und die düstere Seite des Lebens mit einer tiefen Gleichgültigkeit und Geduld reagiere. Wenn wir nun meinten, dies sei nur weil er so dumm ist, dann »lasst uns künftig eine Schule der Dummheit errichten« (zit. nach Becker, 1976, S. 45).

Die Psychodynamik des Todes ist folglich eine einfache: Von Anbeginn ist der Tod in uns und die Frage des Lebens ist, ob wir schöpferisch mit ihm, mit uns und unseren Mitmenschen umgehen können.

Das wirft ein erweiterndes Licht auf die Empathie, der anderen basalen Fähigkeit, die sich etwa in derselben Lebensphase etabliert und von der das menschliche Wesen von Anbeginn abhängig ist. Die Vorstellung und insbesondere das Einfühlungsvermögen in jemanden außerhalb der eigenen Selbstwelt bildet ein weiteres Fundament eines gesunden psychischen Lebens. Gelingt die Ausformung dieser beiden tragenden Säu-

3.3 »(Wann) Ist der Tod begreifbar?«

len im Verlauf der Entwicklung nicht oder nur unzureichend, dann dürften sich erhebliche Schwierigkeiten in der Lebens- und eben auch Todesbewältigung zeigen.

Heinz Kohut bezieht diese Selbst- und Daseinsebenen nachhaltig in seine elementaren Überlegungen mit ein. Er schreibt:

»Die Fähigkeit des Menschen, die Endlichkeit seiner Existenz zu sehen, und im Einklang mit dieser schmerzlichen Entdeckung zu handeln, ist vielleicht seine größte psychische Errungenschaft« (Kohut, 1966, S. 581).

Analysiert man die Hintergründe bei zahlreichen Auffälligkeiten bzw. Symptombildern der Kinder und Jugendlichen in psychotherapeutischen Praxen, dann dürfte beinahe durchgängig einer der beiden angeführten Aspekte psychodynamische Bedeutung einnehmen. Das psychoanalytische Modell versucht von jeher, Symptome auf diesem Hintergrund zu verstehen und zu behandeln. So nimmt u. a. das Verständnis von Symbolisierungsstörungen, unzureichender Ausbildung einer »Theory of mind« und mangelnder Etablierung eines »potenziellen« innerseelischen Raumes eine tragende Rolle im psychodynamischen Verständnis ein. Speziell Melanie Klein und ihre Nachfolger haben dies eindrücklich beschrieben. Segal hat über ihre Untersuchungen eine treffliche Unterscheidung getroffen und zwei grundlegende Phänomene beschrieben: die Symbolische Gleichsetzung, bei der das verinnerlichte Symbol zum Original wird und die Symbolische Repräsentation, bei der das introjizierte Symbol in seiner Eigenständigkeit gegenüber dem, was es symbolisiert, anerkannt wird (ebd., S. 637).

Bei Kindern und Jugendlichen mit schweren Entwicklungsbeeinträchtigungen, wie beispielsweise aus dem autistischen Spektrumsbereich, einer reaktiven Bindungsstörung oder psychotischen Störungsanteilen, ist bekanntlich die Fähigkeit zur Symbolisierung in der Regel nur unzureichend ausgebildet. Sie haben häufig erhebliche Schwierigkeiten bzw. es gelingt ihnen nicht, zwischen belebten und unbelebten Objekten zu differenzieren. Dadurch entstehen wiederholt heftige Abwehrvorgänge mit zwanghaft- schizoiden Mustern und archaisch anmutenden Todesängsten.

Ein oft ungehalten-ängstlich wirkender, elfjähriger Junge mit Entwicklungsverzögerung und multiplem Symptombild begrüßt mich seit Beginn der Therapie über viele Stunden hin bereits an der Tür mit seiner mitgebrachten, mit Riesenmaul und ebensolchen Zähnen ausgestatteten Drachenschlange, einer Spielfigur mit spontan sehr phallisch anmutender Ausstrahlung. Diese löst jedoch darüber hinausgehende, sehr intensive, archaische und nachhaltige Gegenübertragungsgefühle und Assoziationen aus. Unter anderem muss ich oft an den Alien aus dem gleichnamigen Filmklassiker denken. Erst nach vielen Monaten des Aushaltens der teils schwer zu beherrschenden Angriffen der Drachenschlange hält der sonst sehr laute, isoliert und schizoid wirkende Junge mitten in einer Schlacht inne und tritt etwas näher an mich heran. »Das ist der brüllende Tod«, flüstert er dabei ruhig und gleichzeitig angespannt in mein Ohr, wobei er den Drachen seitdem an vielen nachfolgenden Terminen »vergessen« konnte. Seine Handlungen verlagern sich daraufhin in ein beinahe schon rituell anmutendes Spiel, das ausnahmslos nach dem gleichen, sich zwanghaft wiederholenden Muster abzulaufen hat. Bereits kleine Veränderungen führen dabei zu teils heftigen Wut- und Angstreaktionen des Jungen und ich kann gegenübertragend mit ihm spüren, welch ungehaltene Energien in bzw. über ihn zu herrschen scheinen. Hier kann mitunter erkennbar werden, dass die im Spiel eingesetzten Objekte für ihn reale Erscheinungsformen darzustellen scheinen. Dies bedeutet Risiko und Chance zugleich, wobei ich im Verlauf der Behandlung eine umfangreiche Diagnostik mit Hinblick auf autistische Züge anrate, welche schließlich auch bestätigt wird. Diese differenzialdiagnostische Haltung betrachte ich in ihrer integrativ-förderlichen Funktion, zumal seine Psychotherapie und der ihm darin zur Verfügung stehende Raum dadurch in ihrer Bedeutung eher noch gestärkt worden sind.

Auf den »brüllenden Tod« kamen wir übrigens immer wieder zu sprechen, der Junge entwickelte u. a. schließlich doch eine gewisse Symbolfigur, die er mit bestimmten Fähigkeiten ausstattete. Da dieses Objekt vorwiegend angegriffen wurde, stellte ich mir zunächst lange vor, sie symbolisiere hauptsächlich mich, bis ich erkennen konnte, wie viel eigene Anteile des Jungen diese Figur wohl repräsentierte. Er nannte sie schließlich »der große Angsti«.

3.3 »(Wann) Ist der Tod begreifbar?«

Eine symbolisch-triangulierende Verbindung lässt sich hier auch über einen Aspekt seiner Angst erkennen, den ich »chaotisch« nennen möchte: Beinahe in jeder Begegnung begleitete mich eine sorgenvolle Angst, der Junge könne ein regelrechtes Chaos bei mir anrichten. Eine Sorge, die vielen Kinder- und Jugendlichenpsychotherapeuten wiederum wohl bekannt sein dürfte. Das »Chaos« verstehe ich dabei in seiner ursprünglichen Bedeutung, es steht im Griechischen für das namenlose Nichts, was hinter der Ordnung des »Kosmos« liegt. Ich kann mich dabei selbst gut an den archaisch ehrfürchtigen Eindruck aus meiner Kindheit erinnern, sobald dieses Wort genannt wurde.

Zusammenfassung

Geprägt von Freuds früher Behauptung, dass Kinder das wahre Wesen des Todes nicht erfassen könnten, haben sich die entsprechenden wissenschaftlich-fachlichen Disziplinen für lange Zeit sehr wenig bis überhaupt nicht mit möglichen entwicklungsbezogenen Todeskonzepten von Kindern und Jugendlichen auseinandergesetzt. Dies hat sich in den letzten Jahren geändert. So gut wie alle Erkundungen und Forschungsergebnisse deuten dabei darauf hin, dass Kinder bereits früh mit dem Tod auf vielfältige Weise beschäftigt sind und sehr wohl seine Natur erfassen können. Gleichfalls zeigen alle entsprechenden Befunde, dass dies auf sehr individuelle Art geschieht und enorm von der Interpendenz zwischen Umwelt und psychischer Struktur abhängt.

Insbesondere über die Forschungen der »Thanatopsychologie« wurden entwicklungsbezogene Phasenmodelle erarbeitet, die für die psychotherapeutische Arbeit mit Kindern und Jugendlichen wertvolle Impulse geben können. Aus psychodynamischer Sicht ist dabei auf das Unergründliche, sprich auf das Unbewusste als das »Nicht-zu-Wissende« und Namenlose im Tod hinzuweisen. Ein solcher psychotherapeutischer Ansatz mit einer integrativ-psychodynamischen Haltung kann sich als entwicklungsförderlich erweisen und der Genesung dienen. Irvin Yalom und die Existenzielle Psychotherapie sind hierbei orientierungsgebend hervorzuheben.

> Eine haltgebende Orientierung erscheint in diesen Grenzsphären unabdingbar, in Beziehung zum Tod lebt jeder Mensch von und in seinen Symbolisierungsfähigkeiten und seinem kreativen Potenzial.

Vertiefende Literatur

Bürgin, D. (1978). *Das Kind, die lebensbedrohende Krankheit und der Tod.* Bern: Hans Huber.
Niethammer, D. (2008). *Das sprachlose Kind. Vom ehrlichen Umgang mit schwer kranken und sterbenden Kindern und Jugendlichen.* Stuttgart: Schattauer.
Winnicott, D. (2006a). *Reifungsprozesse und fördernde Umwelt.* Gießen: Psychosozial.
Wittkowski, J. (2003). *Sterben, Tod und Trauer.* Stuttgart: Kohlhammer.
Yalom, I. (2000). *Existenzielle Psychotherapie.* Köln: Edition Humanistische Psychologie.

Weiterführende Fragen

- Ab wann ist so etwas wie ein Bewusstsein existent, das wiederum weiß, ahnt bzw. spürt, dass es irgendwann nicht mehr sein wird?
- Welche individuelle psychodynamische Bedeutung haben die – frühesten – Lebenseinflüsse mit eventuell konkreten Verlust- bzw. Sterbens- und Todeserfahrungen im unmittelbaren Umfeld und persönlichen Kontext?
- (Wie) sollen diese Bereiche in die psychodynamische bzw. psychotherapeutische Beziehung zu Kindern und Jugendlichen integriert werden?
- Wo sind die Grenzen einer solchen Einbindung?

4 Psychopathologie und Todesdynamik

Psychodynamisches Denken fußt seit jeher auf dem Postulat menschlicher Grundkonflikthaftigkeit, und welcher Konflikt könnte grundlegender sein als der zwischen Leben und Tod, zwischen Sein und Nicht-Sein. Im Hinblick auf eine mögliche Einbindung des Todesthemas in das alltägliche klinisch-psychotherapeutische Tun ergeben sich laut Vogel zwei grundlegende Richtungen: Zum einen können der Tod und das Sterben als »Grundlage verschiedener psychopathologischer Phänomene« gesehen werden und zum anderen treten Tod und Sterben als »direktes Thema« in die psychotherapeutische Situation (Vogel, 2012, S. 112 ff.).

Beide Seiten ergeben unter einer entsprechenden Beachtung der frühesten Lebensanamnese ein dynamisches Kontinuum. Bezieht man den Blick auf die prä-, peri- und postnatale Zeit mit ein, so dürfte es natürlich kein Kind, keinen Jugendlichen und keine Familie geben, die nicht mit den ursprünglichen existenziellen Themen in Berührung gekommen sind. Diese Selbstverständlichkeit sollte m. E. gerade nicht der Grund sein, den Tod und das Sterben aus den psychotherapeutischen Bemühungen auszugrenzen. Vielmehr muss der Tod eingeladen werden auf die psychotherapeutische Reise, auch im Hinblick auf entsprechende gesundheitssystemische Hintergründe, wie z. B. die notwendige Orientierung an den Psychotherapierichtlinien oder dem Antragsverfahren in den krankenkassenfinanzierten Behandlungen.

Ich habe mich immer wieder gefragt, wie wohl ein Bericht zum Antrag auf Psychotherapie bescheinigt würde, in dem als Grundkonflikt die Angst des Patienten vor seinem Tod genannt wird. Wahrscheinlich würde er in Anbetracht der strengen Richtlinien als zu ubiquitär, zu oberflächlich oder eben zu einfach abgewiesen werden. Es erscheint hierbei insgesamt tatsächlich schwierig, das Todesthema als offiziellen Aspekt in das allgemeine diagnostisch-klinische Psychiatrie- bzw. Psychotherapiekonzept zu integrieren. Der Tod und seine Dynamik finden nicht nur in den gängigen Diagnoseklassifikationssystemen keinerlei Erwähnung, auch in sonstigen klinisch-psychotherapeutischen Manualen und Standardwerken sucht man sie vergebens.

Eventuell könnte hier wiederum eine Nuance als Wegweiser dienen: Analysiert man die psychischen Symptome bzw. Krankheiten auch unter einer thanatologischen Dynamik, dann müsste man ihnen einen essenziellen und im Kern gar positiv-kreativen Bewältigungsversuchscharakter zugestehen. Die vielgestaltigen Symptome als Kompromisslösungen versagen aber aus verschiedensten – inneren und äußeren – Gründen schließlich in ihrer Funktion als gesund-schöpferische Abwehrgestaltungen gegen das wahre Bewusstwerden der eigenen End- und Vergänglichkeit.

Ein spielerischer Einfall

Den erwähnten Krankheitskatalogen bzw. Manualen könnte zumindest für die psychiatrisch-psychotherapeutischen Kapitel folgende Einleitung vorangesetzt werden:

Lieber Mitmensch, die folgenden Ausführungen behandeln und beschreiben umfassend aus einer phänomenologisch-deskriptiven Sicht die Vorgänge der menschlichen Psyche und deren – entwicklungsspezifische – beobachtbare Auswirkungen. Unsere End- und Sterblichkeit wird dabei in den einzelnen Beschreibungen keine direkte Erwähnung finden, sie spielt aber für alle aufgeführten Phänomene, Störungen und Erkrankungen eine wesentliche Rolle als basaler seelischer Antriebsmotor von Beginn unserer Existenz an.

Da viel Grundlegendes im Leben von Nuancen geprägt scheint, sei hier wiederum eine erwähnt, welche eventuell hilfreich sein kann bei der Findung der eigenen psychotherapeutischen Identität. Versucht man als fachgeprüfter seelischer Begleiter kleine und große Menschen bei ihrer

Lebensreise zu unterstützen, dann könnte sich die in diesem Buch vertretene Haltung vom »menschlichen Patienten des Lebens« gerade im Hinblick auf Überlegungen und Formulierungen zur Psychodynamik als hilfreich erweisen.

Es liegt nahe, dass psychisch vorbelastete Eltern je nach Ausmaß und Schweregrad ihrer Beeinträchtigung einen Risikofaktor für die gesunde seelische Entwicklung des Kindes darstellen. Dabei scheint es unter todesdynamischen Gesichtspunkten einen versöhnlichen Aspekt zu geben: Natürlich ist das Kind existenziell abhängig von seinen unmittelbaren Bezugsobjekten und im Laufe seiner Lebensentwicklung reziprok von der ihm umgebenden, weiten Welt. In diesem Spektrum bilden sich wie gesehen seine Lebens- und somit Todeskonzepte, sein Bild von sich und der Welt. Im Angesicht unserer Endlichkeit gibt es dabei kein echtes Richtig oder Falsch, besonders aus elterlicher Sicht!

Die biografische Perspektive der konfliktfokussierten psychodynamischen Modelle, die häufig angemahnt wird wegen ihrer zu kritisch erscheinenden Sicht auf die elterlichen Bezugsobjekte, bekommt dabei eine tendenziell andere Note. Das zu Leistende ist für uns alle nur annähernd möglich und auch das gegenseitige Verstehen ist begrenzt. Diese therapeutische Haltung unter existenzieller Perspektive lässt auch schwierigste und belastete Behandlungsfälle, die mitunter heftige Gegenübertragungsgefühle bewirken können, unter dem Punkt der Demut betrachten: Wie gesundheitsförderlich und schöpferisch konnte bzw. kann das Lebensexperiment gelingen und welche therapeutisch-triangulierende Hilfe kann dabei möglicherweise unterstützend sein?

Es kann sehr bereichernd wirken, wenn es als Psychotherapeut gelingt, die menschliche und damit eigene Unvollkommenheit empathisch mitschwingen zu lassen und dadurch den besagten »potenziellen Raum« zu öffnen. Um hier nicht gänzlich missverstanden zu werden sei betont, dass es dabei weder um eine bedingungslose Auf- und Annahme aller entgegenkommenden Elemente von der anderen Patientenseite gehen kann noch um eine Verwässerung der therapeutisch-triangulierenden Verantwortung. Vielmehr erweist sich die insoweit mögliche Bewusstwerdung sowie Annahme unserer Begrenztheit und fehlbaren Menschlichkeit als Schlüssel zu einem gesunden Miteinander.

4.1 Das gesunde Kind und das kranke Kind

Auf den ersten Blick scheint die Unterscheidung zwischen Krank- und Gesundsein nicht schwerzufallen, besonders wenn es sich um – schwere – körperliche Erkrankungen handelt. Freud und sein psychoanalytischer Ansatz haben bekanntlich deutlich gemacht, wie schwierig es mitunter sein kann, diese Unterscheidung unter einem bio-psycho-sozialen Hintergrund exakt zu treffen.

Es dürfte einsichtig sein, dass Kinder und Jugendliche, die durch schwere Krankheiten bereits früh in persönlichen und unmittelbar konkreten Kontakt mit dem – eigenen – Sterben kommen, oftmals eine differenziertere bzw. bewusstere Einstellung hierzu entwickeln als Gleichaltrige, die zunächst vom Tod in Ruhe gelassen zu werden scheinen. Diverse Untersuchungen bekräftigen diese beschleunigte Todeskonzeptualisierung. (vgl. Bürgin, 1978; Niethammer, 2008). In dieser Schrift soll darüber hinaus versucht werden, eine ganzheitliche Sicht mit einem umfassenden psychodynamisch-existenziellen Blickfeld gerade auch auf allgemeine menschliche Entwicklungs-, Abwehr- und Bewältigungsstrukturen einzunehmen.

Entwicklungsspezifisch spielt in der Psychoanalyse, aber auch in der gesamten Psychologie die erwähnte Fragestellung eine herausragende Rolle, ob die konkret realen Lebenserfahrungen oder die Vorstellungen (Imagines) davon prägend sind. Natürlich sind beide Bereiche für das Seelenleben tief bedeutsam. Die Psychoanalyse schenkt zweifellos dem innerpsychischen Raum größere Beachtung, ohne freilich den interseelischen Bereich zu vernachlässigen.

Mit Blick auf den Tod und die Endlichkeit mag dies bedeuten, dass insbesondere hier die inneren Bilder, Ahnungen und Präkonzeptionen von basaler Tragweite sein könnten. Einige Psychoanalytiker gehen dabei wie erwähnt von der Annahme aus, dass speziell die Ängste in Bezug auf den Tod und das Nicht-Sein Abläufe repräsentieren, die bereits erlebt, jedoch – wegen der Unreife des menschlichen Wesens zu seinem Lebensbeginn – nicht erfahren werden konnten.

In meinen Gedanken und meiner Haltung versuche ich diese Elemente – insbesondere in ihrer störenden, krankmachenden bzw. kränkenden Dimension – weniger nur im Anderen zu sehen, als vielmehr auch in mir selbst. Der ›große Gleichmacher‹ bestimmt unser aller Seelen-Leben. Auch wenn dies sehr banal und pauschal klingen mag, geht es zentral um diese Hervorhebung als Voraussetzung für eine authentische und schließlich förderliche Auseinandersetzung mit dem »einfach Unheimlichen«. Als bedeutendste Nuance erweist sich hierbei die semantische Betonung der Bewältigungs- bzw. Stabilisierungs- und nicht der Abwehrmechanismen. Im Mittelpunkt steht also das Leben und mit ihm das Rätsel, wie selbiges in Anbetracht des – eigenen – Todes in jeder Entwicklungsphase gelingen kann.

Auf gewisse Weise beschäftigen sich alle bedeutenderen psychodynamisch orientierten Denker – die einen expliziter als die anderen – mit der basalen Ebene, auf welcher quasi der Urgrund für das psychische Leben und seine neurotischen bzw. psychotischen Ausläufer ergründet werden kann. Sie beschäftigen sich in ihren Gedankengebäuden grundlegend mit der Conditio Humana. Damit nähern sie sich den menschlichen Sphären an, die vom Tod und der Vorgeburt umkreist werden. Freud beispielsweise spricht vom »absoluten primären Narzissmus« und dem »Nirwanaprinzip«, Jung vom »kollektiven Unbewussten« und von »Finalität«, Rank wie erwähnt von »der Urkraft«, Adler vom »Streben nach Vollkommenheit«, Klein von »unbewussten Phantasien«, Bion von »faith in O«, Winnicott von »Kontinuität des Seins« und Greenson von »Urangst und Urdepression«. Nicht umsonst lässt sich die Psychoanalyse auch als »klinische Philosophie« verstehen (vgl. Yalom in Vogel, 2012).

Es müsste also auch darüber nachgedacht werden, wie sich diese Urebene des Seins und Nicht-Seins in ihrer Gestalt eventuell relativ unabhängig von realen Sterbenserfahrungen bzw. Todesfällen im näheren Umfeld auf die kindliche Psyche auswirkt. Dabei gälte ein Hauptaugenmerk den nahen Bezugspersonen und deren innerseelischem Umgang mit der Endlichkeit. Man könnte also seine analytischen Überlegungen darauf ausrichten, wie mit der existenziellen Ebene im gesamten Familiensystem umgegangen wird.

Der Orientierungsstrang meiner Überlegungen ist, dass der Tod als das Nicht-Sein und Nicht-Begreifbare von Anbeginn eine basale und überaus mächtige Kraft in unserem Seelenleben und somit auch in der

Bedingung aller möglichen Symptombilder darstellt. Dies bedeutet jedoch ausdrücklich auch, dass beispielsweise die vielbeschworene Todesangst zahlreicher Patienten z. B. in einer thanatophoben Neurose als maskierende Funktion anderweitiger innerer Konflikte fungieren kann. Insbesondere Paniksymptomatik, hypochondrische Störungen, selbstverletzende Tendenzen einschließlich schwerer Anorexien und Suizidalität sind von zahlreichen abgewehrt-unbewussten Affektabläufen, wie Aggression, Schuldgefühlen, Scham und Traurigkeit, geprägt. Im Grunde begleitet uns immerwährend die grundlegende Urdynamik des Seins oder Nicht-Seins. Die Todesängste sind untrennbar mit den Lebensängsten verbunden und umgekehrt.

Aus psychodynamischer Sicht nehmen alle Emotions- bzw. Affektspektren ihre lebensbedeutende Rolle ein, wobei man sich immer wieder ins Gedächtnis rufen sollte, dass es in der Theorie zu einer künstlichen Partialisierung dieser Gefühls- und Phantasieebenen kommen muss. »Live« hängen sie natürlich essenziell zusammen und psychodynamische klinische Arbeit bedeutet das Experiment, diese modellhafte Differenzierung gemeinsam mit den Patienten zu einer wachstumsfördernden oder, wenn man so will, *gesunden* Synthese zu führen. Insbesondere bei der Psychotherapie von Kindern kann dies bekanntlich nur gemeinsam mit den Eltern bzw. nahen Bezugspersonen gelingen. Den Tod könnte man dabei als stummen, aber unerschütterlichen Dirigenten dieses Lebensorchesters sehen.

4.1.1 Das gekränkte Kind: Lebensnarzissmus und Todesnarzissmus

Auf einer basalen evolutionär-humanethologischen Ebene benötigt das Mutter- bzw. Vatertier seine Nachkommen genauso, wie das Kindtier sein Beschützer- und Versorgerobjekt braucht. Zeigen verschiedene Primatenarten in ihrem sozialen und reproduktiven Handeln unterschiedliches Verhalten, so konvergiert bei einer Geburt die Verhaltenssteuerung aller Primaten in eindrücklicher Weise:

»Es besteht (mit Ausnahme vieler Familien z. B. in den Industriegesellschaften der Postmoderne) immer eine äußerst enge physische und psychische, in der Tat symbiotische, d. h. beide Seiten in verschiedener Weise belohnende Bindung zwischen Mutter und Säugling« (Schiefenhövel, Schrot & Kröning, 2014, S. 18).

Die Eltern sind also wie gesehen existenziell genauso abhängig von ihrem Säugling wie er von ihnen. Durch den Tod eines Kindes als auch beim Ableben der Eltern entstehen elementare biologische, soziale und psychische Folgen.

»In den Kulturen der Welt sind daher Trauer und Verzweiflung besonders massiv, wenn Eltern ihre evolutionäre raison d‹être und Kinder ihr ontogenetisches, biologisch abgesichertes Fundament verloren haben« (ebd.).

Diese Abläufe hat im psychodynamischen Kontext neben Spitz, Bowlby und anderen besonders Kohut in ihren innerseelischen Auswirkungen und Manifestationen untersucht. Er spricht bekanntlich von »Selbstobjekten« und betont dabei die Reziprozität dieser zwischenmenschlichen Grundmechanismen, während alle den drohenden Zusammenbruch der narzisstischen Homöostase bei schwerwiegenden Trennungen bzw. gravierenden Entbehrungen hervorheben.

Yalom weist hier kritisch darauf hin, dass in der traditionellen psychoanalytischen Literatur bezüglich des Objektverlustes vorwiegend die psychodynamische Rolle der Affekte von Trauer, Schuld, Scham und Aggression gesehen werde. Ausschlaggebende Bedeutung auf einer primär-narzisstischen Ebene hätte jedoch insbesondere die kindliche Vernichtungsangst:

»Auf einer Ebene unterhalb wahrer Erkenntnis weiß das Kind mit seinem naiven Narzissmus, dass der Verlust seines Elternteils der Verlust seiner Bande zum Leben ist ... Viel eher als eifersüchtiges Besitzenwollen eines verlorenen Liebesobjektes ist totale Panik um sein Leben die Ätiologie der Qual der Trennungsangst« (Maurer zit. nach Yalom, 2000, S. 131).

In einer Hierarchie der Ängste bei wohl jedem Lebewesen steht die Agonie der Auslöschung an prominentester Stelle. Wie erwähnt haben speziell Melanie Klein und in ihrer Nachfolge Winnicott sowie Bion die elementare Position der Vernichtungsangst im menschlichen Seelenleben betont. Sie ist die ursprüngliche Angst im Leben, erst im weiteren Entwicklungsverlauf bilden sich Desintegrations- und Trennungsängste.

Die ständige Todesbedrohung (oder müsste es nicht besser: Lebensbedrohung heißen?) verlangt von der menschlichen Psyche immerwährende Abwehr- und Bewältigungsenergien, und je mangelhafter dies geschehen kann, desto leidender und kränker wird der Mensch. Der Tod als Vernichtung und Auslöschung stellt wohl die heftigste vorstellbare *Kränkung* für das menschliche Selbst dar.

Ein sieben Jahre altes Mädchen fragt während einer Sitzung sehr unruhig und aufgebracht mehr sich selbst als mich, »wer denn das Sterben erfunden hat?« Was für eine »doofe Erfindung« das denn sei!

Damit ist der Bereich des Narzissmus angesprochen, welcher in der Psychoanalyse eine lange Tradition, aber auch unterschiedlichste Konnotationen von der primären Liebe zu sich selbst bis zu schwerwiegenden pathologischen Ausformungen aufweist. Wie bereits kurz angesprochen, beschäftigt sich die Psychoanalyse seit jeher auch mit der Suche nach einer (zwischen-)menschlichen Urebene. Das Spektrum des Narzissmus nimmt hier eine wegweisende Position ein. Freud prägte den Begriff des »primären Narzissmus« und er spricht zur Herausstellung dessen archaischer Bedeutung gar vom »absoluten primären Narzissmus« (vgl. Green, 2011). Damit wollte er den psychischen Bereich der frühesten Lebenszeit definieren, in der das Kind sich als eins mit der Mutter fühlt und die Fähigkeit zur Differenzierung zwischen Subjekt und Objekt noch nicht etabliert hat. Das Differenzierungskonzept vom Primär- und Sekundärprozess fällt in selbige Vorgangskategorien. Freud umschreibt dabei die oben erwähnten, natürlichen Abläufe zwischen Eltern und ihrem Kind:

> »Der heikelste Punkt des narzisstischen Systems, die von der Realität hart bedrängte Unsterblichkeit des Ichs, hat ihre Sicherung in der Zuflucht zum Kinde gewonnen. Die rührende, im Grunde so kindliche Elternliebe ist nichts anderes als der wiedergeborene Narzissmus der Eltern, der in seiner Umwandlung zur Objektliebe sein einstiges Wesen unverkennbar offenbart« (Freud, 1914).

Nachfolgende Analytiker haben das Konzept des Narzissmus weiter ausgearbeitet. So verstanden z. B. Rank und Ferenczi den Zustand des primären Narzissmus als vorgegebene Urbedingung eines jeden Individuums, die im Ich bzw. Selbst ein Leben lang wirkt und den vorgeburtlichen Urzustand ersehnt. Balint und Kohut haben sich im An-

4.1 Das gesunde Kind und das kranke Kind

schluss Gedanken über einen »kosmischen Narzissmus« gemacht, in dem das »In-der-Welt-Sein« vollkommen losgelöst und frei von jeglicher Disharmonie empfunden wird. Die andere Seite der Narzissmus-Medaille zeigt sich dabei im Gefühl der Selbstentfremdung bzw. Depersonalisation, also in Zuständen, die besonders von psychisch schwer beeinträchtigten oder traumatisierten Menschen erlebt werden. Beide Seiten spielen eine entscheidende Rolle bei der Annäherung an den Todesbereich. Exzellenter als von Winnicott lassen sich diese vorsprachlichen Abläufe nicht ins Wort bringen: Er beschreibt jenseits von frühester Traumatisierung ein Geschehen, in dem nichts passiert ist, als eigentlich hätte etwas geschehen sollen. Diese Aporie ist aus meiner Sicht auch in ihrer tief existenziellen und lebensbasalen Bedeutung zu verstehen. Schlussendlich bleibt offen, was, wann, wie und von wem hätte passieren sollen (Winnicott, 1991). Winnicott spricht weiter von der Suche des Individuums nach »Leere«.

Green geht ähnliche Gedankengänge. Er hat das relationale Entwicklungskonzept der »toten Mutter« geprägt. Gemeint ist damit nicht der reale Tod des primären Bezugsobjektes (Green spricht auch vom toten Vater), als vielmehr dessen emotionale Abwesenheit bzw. Nicht- Verfügbarkeit aufgrund schwerer depressiver Beeinträchtigungen. Jenseits einer solchen biografisch-dynamischen Traumatisierung positioniert Green die sogenannte »weiße Trauer« bzw. »weiße Depression«. Damit beruft er sich auf die Etymologie des französischen Wortes »blanc«, was im Deutschen als »blank, leer« zu übersetzen wäre. In diesen Dimensionen bewegt man sich in Bereichen der »negativen halluzinatorischen Wunscherfüllung« (Green, 2011, S. 24). In ihr nimmt nicht die Unlust den Platz der Lust ein, sondern das »Neutrum«. »Hier geht es nicht um Depression, sondern um Aphanisis, Askese, Anorexie des Lebens«, um blankes Entsetzen.

Der Narzissmus hat »eine schlechte Presse« und »ist selten ein Lobeswort«, wie Green meint (ebd., S. 18). Er umschreibt dabei das eindrückliche Paradox, dass der so bezeichnete Narzisst im eigentlichen Sinne genau daran scheitert, angemessen narzisstisch zu leben.

Der Schwerpunkt dieser Ausarbeitung orientiert sich mit ihm an »unser aller Los«: der narzisstischen Wunde, »die unserer infantilen Omnipotenz vonseiten der Eltern direkt oder indirekt (per Projektion auf diese) zugefügt wurde« (ebd.). Green spricht in Anlehnung an Freuds duale Triebtheorie vom »Lebens«- und vom »Todesnarzissmus«. Er fragt sich mit unzähligen weiteren Denkern, was den einen Menschen im Laufe seiner Lebensentwicklung befähigt, diese Kränkung insoweit stabil bzw. gesund zu bewältigen und die Wunde quasi heilen zu lassen, während andere zeitlebens diese Verletzung (Trauma) spürbar und quasi offen mit sich herumtragen.

Dieser Frage kann man sich aus meiner Sicht nur individuell-retrospektiv nähern. Bereits Freud hat sich gefragt: »Wann macht die Trennung vom Objekt Angst, wann Trauer und wann vielleicht nur Schmerz?« (Freud, 1926 [1925]), um im nächsten Satz hinzuzufügen, dass keine Aussicht vorhanden sei, Antworten auf diese Fragen zu erhalten.

Eine Psychotherapie kann indes für alle »Gekränkten« bereichernd und hilfreich sein, stellt aber mitnichten einen Garant dafür dar! Ich glaube diese Annahme ist für Psychotherapeuten essenziell, sie hilft die eigenen idealisierenden Größenvorstellungen zu reflektieren und im besten Fall angemessen zu relativieren.

In einer primär-narzisstischen oder existenzdynamischen Dimension lassen sich die für die Psychoanalyse und ihrer Entwicklungspsychologie so bedeutsamen Mythen von Ödipus und Narziss mit etwas anderer Nuancierung als gewohnt verstehen.

So könnte bei König Ödipus nicht nur die psychosexuelle Konfliktdynamik bedeutend im Vordergrund stehen als vielmehr seine tiefe und existenzielle Lebenskrise mit frühesten Belastungsfaktoren. Der »Schwellfuß« (von gr.: oidipous) könnte auch als Symbol für den erschwerten bzw. verhinderten Lebensweg eines kleinen Jungen stehen, der bereits vor seiner Geburt ungewollt ist und zeitlebens auf der verzweifelten Suche nach seiner Bestimmung und seinem wahren Selbst bleibt.

Bei Narziss erscheint es nach einer Version des Mythos (vgl. Wieseler, 1856) gleichsam nicht verwunderlich, dass dieses aus einer Vergewaltigung hervorgegangene und gestrafte Kind ausschließlich seine selbstbezogenen Persönlichkeitsanteile ausbildet. Unnahbar, isoliert und alleingelassen erschafft es sich seine eigene grandiose Welt, die –genauso wie sein Selbst – »betäubt« (von gr.: nárkissos bzw. nárke: gelähmt, betäubt) bleibt. Es kann keinerlei innerseelischer und empathischer Raum für Anderes entstehen. Dieser potenzielle schöpferische Raum ermöglicht überhaupt so etwas wie eine ahnende Vorstellung vom Tod sowie die Möglichkeit, den Gedanken an ein Nicht-Sein annähernd auszuhalten.

So leidet der Mensch Narziss an seiner Vergänglichkeit und nirgends wird dies wohl so spürbar wie im Zerfall von Jugend und Schönheit. Genau diese versucht der Jüngling ja mit dem Griff nach seinem Ebenbild, das sich im Wasser spiegelt, zu greifen und festzuhalten, was ihm letztlich nur misslingen kann. Psychodynamisch bezeichnend erscheint bei der tragischen Figur des Narziss darüber hinaus der Ort seines Todes, der vom Mythos mit Bedacht gewählt sein mag: Er kehrt zum Sterben an seinen Ursprung, nämlich an die Quelle zurück, aus der er als Sohn des Flussgottes Kephissos und der Nymphe Leiriope geboren wurde. Narziss wurde im antiken Griechenland gerne auf Grabmälern dargestellt (ebd., S. 31) und die Narzisse, die aus dem Blut des verstorbenen Narziss hervorgegangen ist, galt als Blume der Unterwelt (ebd., S. 80 ff.).

Zusammenfassung

Eine Integration des Todes als elementare psychodynamische Lebensgröße in klinische Diagnosekonzepte bzw. -manuale erscheint auf den ersten Blick schwierig, ist jedoch nicht unmöglich. Vielmehr öffnen sich bei entsprechender Haltung erhellende und förderliche Entwicklungsräume, insbesondere im praktisch-klinischen Kontext mit Kindern, Jugendlichen und ihren Familien.

Ein genauerer psychoanalytischer Blick auf die mitunter schwierige Differenzierung zwischen gesund und krank kann hierbei hilfreich sein. Die Psychoanalyse in ihrer Vielfältigkeit bietet dafür grundlegende Denkentwürfe und therapeutische Modelle, wie z. B. das Konzept des (absoluten) primären Narzissmus an. Diese können wie gezeigt fruchtbar um existenzielle bzw. todesdynamische Komponenten integrierend ergänzt werden. Darüber ist schließlich ein entsprechend förderlicher Umgang sowohl mit schwer erkrankten als auch mit gesunden Patienten möglich.

Vertiefende Literatur

Di Gallo, A. & Bürgin, D. (2006). *Der Umgang mit schwer kranken und sterbenden Kindern.* In: U. Koch et al. (Hrsg.), Die Begleitung schwer kranker und sterbender Menschen. Stuttgart: Schattauer.
Freud, S. (1914). *Zur Einführung des Narzissmus.* Studienausgabe Band 3. Frankfurt a. M.: Fischer TB.
Green, A. (2011). *Die tote Mutter.* Gießen: Psychosozial.

Weiterführende Fragen

- Was macht es aus psychodynamischer Perspektive schwierig, exakt zwischen gesundem Kind und krankem Kind zu differenzieren?
- Gibt es so etwas wie eine Urkränkung im Leben?
- Welche Rolle nimmt der Tod in einer Entwicklungspathologie der Psyche ein?

4.2 Das verlorene Kind und Objekt: Verlust, Trennung und Trauer

Elementares Loslassen tut weh! Und Trauern auch. Der Schmerz der Hinterbliebenen beim Tod eines nahestehenden, geliebten Menschen ist schwerlich in Worte zu fassen und berührt bzw. bewegt unsere tiefsten Sphären. Natürlicherweise sind besonders kleine Kinder hiervon unmittelbar betroffen, zumal sie aufgrund ihrer Position existenziell von einer liebevoll-haltenden Umgebung abhängig sind. Lange Kontroversen hat es hierbei in der Psychoanalyse darüber gegeben, ab wann ein Kind überhaupt die Fähigkeit zum Trauern entwickele und wie Trauer psychodynamisch zu verstehen sei.

Eine bis heute häufig verwendete Definition geht auf Freud und dessen Monumentalwerk »Trauer und Melancholie« zurück. Darin umschreibt er Trauer als Reaktion auf den Verlust von etwas Geliebtem, Bedeutendem oder Wertvollem. »Trauer ist regelmäßig die Reaktion auf

4.2 Das verlorene Kind und Objekt: Verlust, Trennung und Trauer

den Verlust einer geliebten Person oder einer an ihre Stelle gerückten Abstraktion wie Vaterland, Freiheit, ein Ideal usw.« (Freud, 1917, S. 197). Während Freud dabei die Trauer in enger Verbindung mit der Melancholie bzw. Depression analysiert und diese eindrücklich differenziert, prägt er den Begriff der Trauerarbeit. Dieses dynamische Verständnis ist bis heute hoch wirksam, es geht dabei vorwiegend auf libidinoenergetischer Prozessebene um den Realitätsbezug. Über die emotionale Durcharbeitung soll die Realität des Verlustes anerkannt und schließlich akzeptiert werden. Darüber kann die libidinöse Besetzung des verlorenen Objekts zurückgenommen und auf Neues gerichtet werden.

Freud war hiermit einer der ersten, der in solch einem fachpsychologischen Zusammenhang die Trauergefühle und deren Anerkennung gewürdigt hat. Freud selbst hat dabei in Anbetracht seiner eigenen tragischen Verlusterlebnisse eingeräumt, dass man nach solchen Erfahrungen »ungetröstet bleiben« und »nie einen Ersatz finden« werde (Freud 1929, zit. nach Vogel, 2012). Er selbst habe »bei der Diskussion der Trauer auch nicht verstehen können, warum sie so schmerzhaft ist« (ebd.).

In heutigen Trauerkonzepten wird von lebensbegleitenden Abläufen ausgegangen und die Umwandlung der verinnerlichten Objektbesetzungsenergien weiter betont. Introjektionen und Internalisierungen dienen dabei in ihrer gesamten Besetzungsbreite dem angemessenen Abschiednehmen und Weiterleben im Angesicht des Verlustes.

»Trauer sowie auch eine aus dieser – offenbar für alle sozialen Säugetiere – typischen archaischen Emotion gespeiste tiefe reaktive Depression sind, das kann man aus ihrer universalen Existenz in allen Kulturen schließen, völlig normal« (Schiefenhövel, Schrot, Kröning, 2014, S. 28). Dieser normale Trauerprozess ist besonders bei – kleinen – Kindern häufig schwer zu begreifen und wird von den Erwachsenen deshalb auch oft nicht als solcher erkannt. Alle forschenden Beobachter sind sich dabei einig, dass Kinder in der Regel sehr sprunghaft und in nicht identifizierbaren Phasen trauern. Dass dazu jüngste Kinder in der Lage sind und bereits sechs Monate alte Säuglinge eindeutige Trauerreaktionen auf einschneidende Verlusterfahrungen zeigen, ist wie erwähnt spätestens seit den wegweisenden Arbeiten von Spitz, Bowlby und anderen in der Fachwelt größtenteils unbestritten.

4 Psychopathologie und Todesdynamik

Verlust eines Elternteiles

Einen kurzen Einblick gestatten hier eventuell die Begegnungen mit einer jungen Adoleszenten, die im Alter von 15 Jahren wegen hypochondrischen Ängsten, starken Panikattacken und depressiven Tendenzen zu mir kam. Von der Mutter erfuhr ich dabei während unseres Telefonats bei ihrer Erstkonsultation, dass der Vater der Patientin »viel zu früh« verstorben sei. Er sei mit Ende dreißig an Krebs erkrankt und dann innerhalb eines halben Jahres gestorben. Ihre Tochter, die ihr einziges Kind ist, sei zu dem Zeitpunkt zweieinhalb Jahre alt gewesen.

In den Sitzungen mit der Jugendlichen dominiert dabei zunächst für mehrere Monate die Bearbeitung ihrer mannigfaltigen bzw. generalisierten und überflutenden Ängste, welche vorwiegend auf der psychodynamischen Ebene des Objektverlustes und dessen vielschichtigen Auswirkungen zu verstanden versucht wurden. So beschäftigten uns insbesondere ihre aggressiven Anteile, die nicht nur aufgrund des Todes ihres Vaters massiv abgewehrt und gegen sich selbst gerichtet schienen, aber auch die libidinösen und geschlechtsidentifikatorischen Elemente. Beziehungsdynamisch hatte sich eine sehr eng verwobene und ambivalent aufgeladene Beziehung zu ihrer Mutter mit stark parentifizierten Anteilen der Patientin entwickelt. Sie fragte sich hierbei regelmäßig, warum die Mutter nie mehr einen neuen Partner gefunden bzw. »gewollt« habe. Darüber wurde schließlich eine behutsame Annäherung an ihre sehr intensiven Gefühle dem verlorenen Vater gegenüber möglich, was über das gemeinsame (Wieder-)Durchleben des Verlusterlebnisses im haltenden therapeutischen Rahmen Raum fürs Trauern öffnete. Dabei entstanden Momente, in denen das tiefe Gefühl vom frühen Verlassen-worden- Sein intensiv anströmte und in uns beide einfloss. Bei der Patientin natürlich in stärkeren Fluten als bei mir. Besondere therapeutische Beachtung bekamen in meinen Gegenübertragungsströmen neben den erwähnten Lebensthemen die »namenlosen« Ängste und das gemeinsame Herantasten an die eigenen Empfindungen im Hinblick auf das Weg- bzw. Nicht-mehr-Sein. Es ging also um die Todesseite des Lebens, wobei dies selbstredend manchmal relativ be-

4.2 Das verlorene Kind und Objekt: Verlust, Trennung und Trauer

wusstseinsnah und damit leicht greifbar schien, während es sich wiederholt jeglichem Verständnis entzog.

Darüber gewannen im weiteren Verlauf die – adoleszenten – Lebensthemen ihre angemessene Bedeutung. Freundschaften, Liebesbeziehungen, Ausbildung bzw. Studium und die Ablösung von ihrer Mutter konnten als relevant-förderliche Bereiche angegangen werden, während die Patientin den gelegentlich auftauchenden Leeregefühlen und Todesängsten nun aus einer selbstkohärenten und kreativeren Perspektive entgegentreten konnte.

So lässt sich dieser therapeutische Verlauf stimmig unter dem psychodynamischen Verständnis der Trauerarbeit verstehen. Das Mädchen konnte ihre internalisierten Objektbesetzungen über die emotionale und schmerzhafte Auseinandersetzung in der Übertragungsbeziehung partiell abziehen und neue Objektwelten libidinös besetzen. Nun erscheint aber diese »Arbeit« niemals abgeschlossen, sondern sie fußt als kontinuierliche Lebensaufgabe in der beständigen Oszillation zwischen Bewahren und Loslassen. Anders ausgedrückt eröffnete der therapeutische Prozess für die Patientin einen gehaltenen Raum, in dem eine gemeinsame Annäherung an die paranoid-schizoiden und namenlosen Seelenbereiche möglich wurde. Darüber ließen sich die Bereiche der depressiven Position erahnen und schließlich konnte in ihnen mitunter verweilt werden.

Unter einer weiteren psychodynamischen Perspektive nimmt die kreative Verleugnung der eigenen Sterblichkeit einen entscheidenden Stellenwert ein. Ein gesunder Lebenskreis dreht sich auf diesen Urebenen mehr um die Bildung einer hilfreich tragenden, potenziellen Illusion und weniger um die Auflösung etwaiger innerseelischer Konflikte. Der wohl zentrale Punkt in der Therapie als auch im Leben bleibt dabei die Frage, wann ist die Zeit für das eine und wann für das andere?

Trauer ist in ihrer basal-natürlichen Bedeutung zu sehen. Jedes Leben ist mit seinem Beginn essenziell von Verlust, Trennung und Trauer geprägt. Das Wesentliche liegt wohl darin, daraus kein »Trauerspiel« werden zu lassen. Von Anbeginn steht das dynamische Wechselspiel des Erschaffens und Verlierens, des Pendelns zwischen innerem Mikro- und äußerem Makrokosmos im Mittelpunkt. Das vermeintliche Lebensziel mag dabei sein, dieses Innere als Selbstkonstrukt im Laufe seiner Entwicklung so wagemutig und stark werden zu lassen, dass es immer wieder loslässt, damit es sich autonom gebiert. Gleichzeitig begleitet dieses Selbst *immer* die einfache Angst, dass es sich irgendwann verlieren wird. Das ist wahrlich keine erbauliche Vorstellung und so liegt es nahe, diese wiederum auf irgendeine Weise zu verlieren. So kann aus dem doppelten Verlust wiederum ein Gewinn, nämlich ein lebenswertes Dasein entstehen. In all diesen nicht linearen, d. h. dynamischen Lebensabläufen spielt natürlich immer der Tod mit, mal leise und kaum hörbar, mal laut und einkrachend.

Verlust eines Kindes und Geschwisters

Der Tod eines – eigenen – Kindes ist die größtmögliche Katastrophe und stellt alles andere im Leben in den Schatten. Er erschüttert die illusionäre Wunschvorstellung sowohl der Kinder als auch der Erwachsenen, dass nur alte Menschen sterben, und er kann uns jeglichen Lebenssinn nehmen. Der kindliche Tod konfrontiert uns mit unseren tiefsten Ängsten und Empfindungen. Die Welt steht still und ein Weiterleben erscheint schwer möglich. Die zu leistende Trauerarbeit, gerade auch für Geschwisterkinder, ist in der Tat unvorstellbar.

Mir sitzen die Eltern der siebenjährigen Paula gegenüber. Der Vater hat völlig verstummt dicke Tränen in den Augen, während die Mutter in einer Mischung aus getriebener Gefasstheit und schwermütiger Resignation um Fassung bemüht ist. Wir befinden uns gemeinsam bei einem Elterngespräch, nachdem vor einigen Wochen völlig überraschend Paulas Bruder im Alter von knapp drei Jahren im Schlaf verstorben ist. Die Ärzte konnten dabei keinen genauen Grund für sein Ableben benennen, es sei ein »natürlicher Tod« gewesen. Ohne ihn persönlich kennengelernt zu haben, bin ich meinerseits selbst bemüht, meine Erschrockenheit und Traurigkeit in angemessener Weise irgendwie zu kontrollieren. Besonders der Vater in seiner sprachlosen Bestürztheit berührt mich sehr. Mir kommt immer wieder Paula in den Sinn und wie sie so gut wie keine direkt beobachtbaren Trau-

4.2 Das verlorene Kind und Objekt: Verlust, Trennung und Trauer

er-Reaktionen zeigt. Dabei erinnert sie mich ein wenig an ihre Mutter. Das Mädchen steckt mich in den gemeinsamen Spielbegegnungen wiederholt mit dieser scheinbaren Unbekümmertheit an und ich vergesse gelegentlich die Hintergründe ihres ursprünglichen Kommens aufgrund von diffusen Ängsten und Trennungsschwierigkeiten. Wie nun also umgehen mit der ultimativen Trennung?

Als ein Schlüsselmoment hat sich dabei die Spielszenerie erwiesen, die das Mädchen wiederholt inszeniert: Während sie beinahe in jeder Sitzung zunächst mit den kleinen Spielpuppen weich und harmonisch agiert, wechselt diese Spielart immer in ein angespanntes und schließlich heftigstes In- und Aufeinander-Krachen der einzelnen Figuren. Hier verliere ich häufig gänzlich den Überblick, wer von den zahlreichen Figuren auf wen knallt. Natürlich gelten die Angriffe – teils subtil, teils manifest – besonders mir und ich versuche zu analysieren, welche Hintergründe dem Geschehen zugrunde liegen mögen. Mich beschäftigen ihre unbändige Wut auf jedwedes Objekt, also womöglich auf ihre so absorbierten und wenig anwesenden Eltern, auf ihren »weggegangenen« und sie im Stich lassenden Bruder und auf das Schicksal. Primärer Neid scheint gleichfalls eine dynamische Rolle zu spielen, der betrauerte Bruder scheint einen immensen Raum im Leben der Eltern und im Umfeld einzunehmen. Schuldgefühle jedweder Art werden bedeutsam. Gleichfalls assoziiere ich in den entsprechenden Situationen immense libidinös-sexuelle und klassisch ödipale Abläufe: Wie entsteht Leben und in welchem Resultat endet es?

Als ein weiterer gewichtiger Aspekt erscheint noch eine unbändige Freude, die mich überraschenderweise punktuell auch in der Gegenübertragung überkommt: »Bahn frei! Jetzt komm ich!«, denke und spreche ich dabei an. Hier zeigen sich wohl die primär-narzisstischen Anteile und archaischen Überlebensinstinkte: »Der Konkurrent ist beseitigt und mir gehört nun alle Aufmerksamkeit. Dich und nicht mich hat es erwischt!« Hierüber wiederum können das Getriebene und die tiefen Schuldängste mit entsprechendem Verfolgungscharakter verständlicher werden.

Wiederholt benötige ich bei dieser Behandlung selbst Halt und Unterstützung in eigener Inter- und Supervision, während ich mich viel an entsprechender Fachliteratur zu kindlicher Trauer und deren Bewältigung orientiere. Es braucht erstaunlich lange, bis ich erkenne, dass es in dieser Situation wenig um theoretische Modelle und deren Umsetzung geht. Vielmehr muss ich mir eingestehen, wie sehr mich selbst dieses Geschehen wahrhaftig berührt und eben auch erschüttert! Mich überkommen in meinen Phantasien höchst unangenehme aggressiv-sadistische Assoziationen und ich stelle mir schuldbeladen vor, ob nicht gar mörderische Hintergründe zu erwägen sind. Alles um wenigstens einen Anhaltspunkt, eine Begründung zu haben. Schlussendlich muss ich erkennen, dass es nur um eines geht: Der Tod kommt einfach. Völlig ohne Grund!

Somit darf auch bei diesem Menschenkind der offensichtlichste Beweggrund seiner Handlungen nicht allzu schnell übergangen und vergessen werden: die tiefe Verzweiflung ob der eigenen Sterblichkeit und deren Anrühren durch den völlig unvermittelten Tod des kleinen Bruders! Der Tod ist ins Leben »gekracht«, und dies ist durch nichts und niemanden zu verstehen! Er rührt die seelischen Sphären des Namenlosen und des »blanken« Entsetzens an.

Mein Verständnishorizont erstreckt sich dabei über folgende Gedankengänge: Entsprechende Containment-Prozesse, d. h. gegenseitiges Hinüberspielen dieser unvorstellbaren Elemente, scheinen einen haltenden Raum geöffnet zu haben. In diesem ist es der Patientin möglich geworden, ihre inneren Elemente in angemessener Weise spielerisch neu zu erleben und zu bearbeiten. Sie hat bis zum Behandlungsende nie direkt verbal auf meine behutsamen Andeutungen hinsichtlich des Todes geantwortet. Ich gehe davon aus, dass der erwähnte existenzielle Handlungsdialog, in Verbindung mit den obligaten elterlichen Begleitgesprächen, zu einer Trauerarbeit und zu einer Symptomreduzierung geführt haben. Die Eltern beschrieben ihre Tochter zunehmend angstfreier und unabhängiger, wobei der Vater sich eigene psychotherapeutische Unterstützung gesucht hat. Auf diesem Boden konnte das Leben also neu kreiert werden, die Patientin bekam schließlich ein neues Geschwister und vorsichtige Zuversicht machte sich breit. In einer der letzten Begegnungen meint sie: »Das Baby wird aber nicht so wie mein Bruder!«

4.2.1 Kindliche Trauerkonzepte

In der entsprechenden Literatur werden verschiedene Phasenkonzepte der Trauer beschrieben, sie dienen dabei vorwiegend der strukturierenden Orientierung in der schweren Zeit nach einem einschneidenden Verlust. Exemplarisch seien hier zwei der gängigsten Modelle lediglich erwähnt (vgl. Vogel, 2012, S. 127 ff.):

a) Die Trauerphasen nach Bowlby:
   - Phase der Betäubung (Stunden bis Wochen),
   - Phase der Sehnsucht und der Suche nach der verlorenen Figur (Monate bis Jahre),
   - Phase der Verzweiflung und Desorganisation,
   - Phase der Reorganisation.

Pathologische Trauer entsteht laut Bowlby insbesondere durch ein Persistieren der Phasen 1 bis 3.

b) Die Trauerphasen nach Kast:
   - Phase des Nicht-Wahrhaben-Wollens,
   - Phase der aufbrechenden Emotionen,
   - Phase des Suchens und Sich-Trennens,
   - Phase des neuen Selbst- und Weltbezuges.

Nach Kast kann der Trauerprozess die Betreffenden zum wahrhaftigen Selbst führen und ist insofern überwunden, sobald Neuorientierung im Leben des Trauernden erfolgen kann.

Für Fulton sollte sich ein kluges Trauermanagement bei Kindern als auch bei Jugendlichen und Erwachsenen auf zwei wesentliche Aspekte konzentrieren: die Ermutigung und Erleichterung des normalen Trauerprozesses sowie die bestmögliche Verhinderung einer verzögerten oder unangemessenen Trauerarbeit. Auch von ihm wird betont, dass das Ritual der Beerdigung die Trauerarbeit erleichtert, solange es den sozialen und psychischen Anforderungen der Überlebenden entspricht. Die Teilnahme kann es dem Kind ermöglichen zu erkennen, dass der Tod geschehen ist. Es kann sich darüber der Realität des Verlustes nähern und insbesondere kann es in der Gemeinschaft erleben, dass es nur eine von vielen Personen ist, die darunter leiden. Darüber kann es schließlich Trost erfahren (Niethammer, 2008, S. 82). Schlussendlich können auch hier keine allgemeingültigen Anweisungen gegeben werden. Bei vielen kleinen Kindern genauso wie bei großen Menschen bleibt bis zum Lebensende eine vom Tod völlig abgewandte Haltung präsent. Trauer und deren Verlauf ist in höchstem Maße individuell, genauso wie jeder Mensch seine ureigene Geburt und seinen einzigartigen Tod begeht. Ich könnte mir aus tiefster Überzeugung niemals anmaßen, entscheiden zu können, welches nun die bessere oder gesündere Variante darstellt. In den entscheidenden Momenten kann es wohl einfach nur ums Dasein und die insoweit mögliche mitfühlende Offenheit für den jeweiligen Umgang damit gehen.

Wie eine Bewältigung des elementarsten Verlustes im Leben möglich werden kann, beschreibt in berührender Art und Weise u. a. das kleine Buch »Im Himmel welken keine Blumen«. Darin zu lesen stellt – besonders für Eltern – eine große und, wie ich finde, auch lohnende Herausforderung dar. Sehr bewegende Worte findet beispielsweise eine Mutter in Form eines Abschiedsgedichtes für ihren kleinen Sohn Nils, der mit sieben Jahren bei einem Verkehrsunfall ums Leben kam:

»*Nie wieder*

Nie wieder Sommersprossen im April
nie mehr laute Fröhlichkeit – alles ist still.
Nie wieder Haare wie ein reifes Weizenfeld
Du fehlst mir so auf dieser Welt.
Nie wieder Deine Augen sehen, blau und riesengroß
nie wieder ein Kind auf meinem Schoß.
(...)
Ich wünsche dir Frieden, Freude und Glück
Und wollte Dich so gerne großwerden sehen.
Warum dreht denn keiner die Zeit zurück?
Ich kann diesen sinnlosen Tod nicht verstehen!
Alles, was ich von Dir noch hab'
ist die Erinnerung und – ein Grab,
und die Hoffnung, dass es Dich irgendwo noch gibt,
weil nichts wirklich verloren ist, was man liebt.«
(Heidi Barte; aus: Johann-Christoph Student, Im Himmel welken keine Blumen, © 2005 Verlag Herder GmbH, Freiburg i. Br., S. 160–161)

4.2.2 Das sich verlierende Kind: Abschied vom Leben

Besonders bei schwer erkrankten und vom Tod unmittelbar bedrohten Kindern und Jugendlichen ist von einer antizipatorischen, d. h. vorwegnehmenden Trauer auszugehen. Sowohl die Betroffenen selbst als auch die Angehörigen durchlaufen dabei sozusagen einen beschleunigten Trauerprozess. Dieser sollte bei aller Schmerzhaftigkeit wertgeschätzt werden, er kann eine unermessliche Chance zu gegenseitigem Abschiednehmen bieten.

Dieses endgültige Lebewohl von unseren jungen Patienten erleben ambulant arbeitende Kinder- und Jugendlichenpsychotherapeuten konkret natürlich äußerst selten, dennoch spielen die entsprechenden psychodynamischen Abläufe gerade auf der angesprochenen primär-narzisstischen Ebene immer wieder eine bedeutende Rolle.

Drohender Verlust des eigenen Lebens

Exemplarisch für die zahlreichen Kinder und Jugendlichen, die in ihrer Biografie durch eine ernsthafte Erkrankung mit entsprechenden Ängsten und Sorgen eine tiefe narzisstische Verunsicherung zu bewältigen hatten, sollen kurz die folgenden beiden Patienten vorgestellt werden:

Bei dem ersten handelt es sich um einen elfjährigen Jungen, der aufgrund massiver aggressiver Ausbrüche bei mir vorgestellt wurde. Seine teils »völlig unkontrollierten« Angriffe bezogen sich hauptsächlich auf das familiäre Umfeld und seine Geschwister, bei entsprechenden Kränkungen reagierte er jedoch auch in der Schule und bei Freunden – körperlich – gewalttätig. »An sich ist er aber ein sehr empfindsamer und auch gutmütiger Kerl«, gaben mir beide Eltern während des Erstgespräches in einer Mischung aus Scham und Beschwichtigung noch mit. Erst später erfuhr ich von seiner belasteten Geburt und der kurz danach entdeckten Zyste in seinem Körper. Lange ist dabei unklar gewesen, »ob es sich um etwas Bösartiges« handelt. Während sich die Sorge nicht bestätigte, erforderten diese und weitere Erkrankungen wiederholte Krankenhausaufenthalte, im Zuge derer der Junge eine »regelrechte Ärztepanik« entwickelt habe. Auch die Eltern und insbesondere der Vater waren von Ängsten und Sorgen um die Gesundheit ihres Sohnes geplagt, wobei es gegenübertragend eine Weile dauerte, bis diese Affektschwingungen bei mir ankamen. Zunächst überwogen im Kontakt mit den Eltern, aber auch mit dem Jungen generell angespannt bis verärgerte und teilweise regelrecht gekränkt-trotzige Empfindungen. Abkürzend möchte ich in Betrachtung der analytischen Therapie des Patienten seine enormen Größenphantasien mit grandiosen Selbstvorstellungen hervorheben. Dabei verlor ich teilweise völlig den Realitätsbezug, während ich mich gleichzeitig um meine angemessene Haltung und die Wahrung des therapeutischen Rahmens sorgte. Wir bewegten uns also auf gewissem Grenzgebiet.

Legt man den analysierenden Schwerpunkt hier auf die angeführte Urebene des primären Narzissmus, dann erscheint vornehmlich die Wahrnehmung einer tiefen Beunruhigung bezüglich der sich anbahnenden Lebens- bzw. Todesgefahr bedeutend. Dabei betrachte ich meine beschriebenen Gegenübertragungsgefühle als Konglomerat von auf mich projizierten und ureigenen Anteilen. Über das Aushalten dieser Elemente wurde es im Behandlungsverlauf zumindest ansatzweise möglich, dass der Junge sich seinen erlebten Kränkungen (Traumen) annähern konnte. Gleichzeitig bewegten wir uns beide auf den absoluten primär-narzisstischen Bereich zu, den Winnicott so trefflich beschrieben hat: die Lebenssphäre, in der etwas erlebt wurde, was aufgrund der begrenzten Kapazität des Seelenapparates aber nicht erfahren werden konnte bzw. kann.

Bei der anderen Patientin handelt es sich um eine achtzehnjährige junge Erwachsene, die sich aufgrund von depressiven Symptomen und heftigen Krankheitsängsten an mich gewendet hatte. Bei dieser Adoleszenten zeigte sich manifest vorwiegend die narzisstische Gegenseite des grandios-überhöhten Selbstbildes und sie fühlte sich ungenügend, klein und wertlos, insbesondere im neidvollen Vergleich mit ihrer ungemein erfolgreichen und gutaussehenden Schwester. Aber am meisten beschuldigte sie sich zutiefst selbst dafür, dass sie mit ihrer Krebserkrankung als siebenjähriges Mädchen die gesamte

4.2 Das verlorene Kind und Objekt: Verlust, Trennung und Trauer

Familie in so tiefes Leid gestürzt habe. Bei einer Routineuntersuchung wurde damals ein bösartiger Tumor entdeckt und die Patientin musste sich mehreren und langwierigen Untersuchungen unterziehen. Ein Teilziel der analytischen Behandlung erstreckte sich hierbei auf eine Annäherung an ihre eigentlichen Emotionen in Anbetracht der damaligen Todesnähe und damit gleichsam an ihre aktuellen existenziellen Ängste. Es gelang ihr dabei in konstruktiven Ansätzen, ihre Erlebnisse mit der Erkrankung und mit ihrer Familie zu erinnern und durchzuarbeiten. Bis zuletzt ist es ihr dabei ungemein schwergefallen, auch ihre von mir wiederholt angedeutete aktiv- konstruktive und mutige Seite »im Kampf gegen den Krebs« zu erkennen und anzunehmen. Sie habe doch »gar nichts« zu ihrer Genesung beigetragen. Wenn, dann müsste man den Ärzten und ihrer Familie Tribut zollen, der Tumor wurde schließlich entfernt und die junge Frau ist bis heute rezidivfrei. Während sie einräumt, dass sie damals gar nicht richtig gewusst habe, was mit ihr passiere, beschreibt sie wiederholt die Ausstrahlung und Stimmung ihrer Eltern und der Familie. Da sei es rückblickend »schon um große Angst und Ungewissheit« gegangen. Über eine diesbezügliche gemeinsame Einfühlung in diese Gefühlsspektren gelang es der Patientin kontinuierlich die eigenen namenlosen Ängste insoweit zu transformieren, dass sie sich den altersspezifischen Entwicklungsaufgaben widmen konnte.

Eine sehr eindrückliche Szene bei ihrer Annäherung an besagte Erlebnisse war das von ihr beschriebene Bild des Bestrahlungsapparates, auf dem sie bewegungs- und hilflos liegen musste. Sie habe während der Behandlung ja nur einen kleinen Teil dieses Gerätes gesehen, der größere Part der Apparatur sei in einem Nebenraum gewesen. »Das war ein Monster von einem Ding!«, meinte sie beeindruckt, und auch mich bewegten ihre beschriebenen Bilder sehr, welche sagenhafte Assoziationen in mir weckten. Ich erwähnte daraufhin ihren »mutigen Heldenkampf« gegen diese Kreatur, worauf sie sehr berührt schien und sich im Anschluss dieser mythisch-dynamischen Dimension öffnete.

4.3 Das todtraurige Kind: Depression des Lebens im Angesicht des Todes

»Vielleicht ist tot sein gar nicht so schlimm, ich stelle es mir irgendwie sehr ruhig, ja manchmal regelrecht harmonisch vor!«, meint eine 20-jährige junge Frau in einem unserer Austausche über ihre schweren depressiven Verstimmungen mit lebensmüden Anteilen. In einer anderen Begegnung äußert sie weiter, dass sie in ihrem Leben eigentlich an gar nichts anderes denken könne, als an die Endlichkeit von allem. Sie sagt: »Egal was ich mache oder tue, immer wieder kommt blitzartig der Gedanke, dass ich ja mit jedem Moment dem Tod näher komme. Wie kann ich mich da auf irgendwas freuen? Ich, wirklich mein ganzes Ich wird dann weg sein, also nicht mehr sein. Mir macht es Angst, ganz arg Angst!«

Wie beschrieben bringen die meisten Patienten den Tod oder das Sterben – selbst bei entsprechend realen Anlässen – selten manifest in die therapeutische Beziehung. Während kleine Kinder in ihrem Auftreten sowie ihrer Nachfragen oft unbedarfter und neugieriger auf den »großen Unbekannten« zugehen, zeigen Jugendliche und junge Erwachsene ihre zentrale Beschäftigung mit der Endlichkeit nur zögerlich. Für eine Annäherung an diese Themen bedarf es häufig einer langen vertrauensbildenden Beziehungsarbeit. Die oben erwähnte junge Frau mit erheblichen strukturellen Defiziten traut sich in ihrer existenziellen Not, eine Grundwahrheit des Lebens auszusprechen. Dieser sollte zunächst einmal nicht ausgewichen werden, insbesondere auch nicht anhand von – vorschnellen – diagnostisch- theoretisierenden Pathologisierungen.

Das depressive Moment wird nach Freud vorwiegend über die ambivalent höchst aufgeladene Objektverinnerlichung verstanden. Aggressive Anteile, die ursprünglich dem Primärobjekt galten, werden aus diversen Gründen gegen sich selbst gerichtet. Das depressive Symptom stellt somit eine unbewusste Eigenbestrafung mit erheblichen Selbstwertminderungstendenzen dar und löst darüber eine höchst maligne Kreislaufdynamik aus (vgl. auch Mentzos, 2003, und dessen Darstellung des depressiven Verarbeitungsmodus). Jene psychodynamischen Annahmen

4.3 Das todtraurige Kind: Depression des Lebens im Angesicht des Todes

schwingen selbstredend auch im vorliegenden Text durchgängig mit und es erweist sich psychotherapeutisch oft genug als wegweisend, den Tod über diese Matrix von Trennen, Verlieren und ambivalentem Internalisieren verstehend einzubinden. Möglicherweise entbehrt dieser Zugang jedoch auch etwas, das für ein seelisches Wachstum gleichfalls wesentlich erscheint.

Der analytische Weg der vorliegenden Arbeit führt zur Conditio Humana und darüber zur Spur unserer Urneurose. Rank beschreibt den neurotisch-depressiven Menschen als jemanden, »der das Darlehen (das Leben) ablehnt, um so der Schuldtilgung (dem Tod) zu entgehen« (Rank, 2006, S. 431). Das Menschenkind ahnt von Anfang an seine Zerbrechlichkeit im Sein und es muss – im glücklichsten Fall mithilfe fürsorglich liebevoller Begleitung – Möglichkeiten finden, mit dieser Grundbedingung zu leben. Angst »gehört zu unserer Existenz und ist eine Spiegelung unserer Abhängigkeiten und des Wissens um unsere Sterblichkeit« (Riemann, 2003, S. 7). Bereits Kierkegaard hat beschrieben, wie der Mensch sich zurücknimmt, um die Wahrnehmung des »Schreckens, des Untergangs und der Vernichtung, die für jeden Mensch gleich nebenan wohnen« zu vermeiden (zit. nach Yalom, 2000, S. 138). In seinem kurzen Text »Der Unglücklichste« sinniert Kierkegaard auf einem fiktiven Friedhof mit seinen »Mitverstorbenen« über das Leben, den Tod und wer denn als »Depressivster« zu identifizieren sei. Seine berühmte Abhandlung kann sich durch ihre lebendig-berührende Sprache durchaus als Lektüre für adoleszente Patienten eignen, schlussendlich stellt er in seiner unnachahmlich emotionalen Ausdrucksweise als »Meister der Angst« die Absurdität des Lebens dar.

> »Lebe denn wohl, du Unglücklichster! Doch was sage ich: Unglücklichster? Glücklichster müsste ich sagen; denn das ist ja gerade ein Geschenk des Glückes, das sich niemand selber geben kann. Sieh, die Worte fehlen uns, die Gedanken gehen durcheinander« (Kierkegaard, 1988, S. 268).

Als Psychoanalytiker ist man es – gerade auch kraft seiner institutionellen Sozialisation – gewohnt, das Geschehen in einer therapeutischen Begegnung mithilfe seiner Persönlichkeitsinstrumentarien und Theoriemodellen zu reflektieren und zu verstehen. Über die persönliche integrative Auseinandersetzung mit den letzten Dingen und der eigenen Endlichkeit kann schließlich etwas entdeckt werden, was vielleicht immer schon da war.

Eine Zen-Weisheit drückt diese Bewegung sehr schön aus:

»*Bevor jemand Zen studiert,*
sind Berge Berge
und Wasser ist Wasser;
nach einem ersten Blick
in die Weisheit des Zen
sind Berge nicht mehr Berge,
und Wasser ist nicht länger Wasser;
nach der Erleuchtung sind
Berge wieder Berge,
und Wasser ist wieder Wasser.«
(aus: Die zeitlosen Weisheiten des Zen [1999] Bern: Scherz Verlag, S 8.)

Diese Abläufe bewegen sich vermutlich in den Bereichen, die die Analytische Psychologie Jungs mit Begriffen wie »Finalität« und »Individuation« beschreibt. Bei genauerem Blick zeigen wie erwähnt auch andere psychodynamische Denkschulen ähnliche Modellansätze.

Alle sind dabei wie angeführt vom Leidenscharakter des menschlichen Daseins umweht. Die Psychoanalyse geht in ihrer Tradition von jeher davon aus, dass partielle depressive Reaktions- und Verarbeitungsmuster lebensangemessen erscheinen:

»Wir wissen ja, dass ein Subjekt, das die Depression nicht kennt, wahrscheinlich mehr gestört ist als eines, das gelegentlich depressiv ist« (Green, 2011, S. 234).

In meiner Einleitung habe ich auf die absolute Unkenntnis unseres eigenen Todesmomentes hingewiesen. In diesem Sinne ließe sich das Leben an sich als Prozess einer antizipatorischen Trauer sehen. Diesen zunächst etwas befremdlichen Gedanken greift aus meiner Sicht Melanie Klein in ihrer klinischen Theorie zentral auf. Sie beschreibt dabei,

»dass der Säugling depressive Gefühle erlebt, die ihren Höhepunkt gerade vor, während und nach der Entwöhnung erreichen. Diese Gefühle stellen den Gemütszustand des Säuglings dar, den ich ›depressive Position‹ genannt habe, der, wie ich glaube, eine Melancholie ›in statu nascendi‹ darstellt« (Klein, 1997, S. 96).

4.3 Das todtraurige Kind: Depression des Lebens im Angesicht des Todes

Das betrauerte Objekt ist dabei die mütterliche Brust und – das ist essenziell – »alles das, was die Brust und die Milch in der kindlichen Seele repräsentieren, nämlich Liebe, das Gute und Sicherheit« (ebd.). So gesehen bin ich sehr beeindruckt, dass Melanie Klein in ihrem Denkkonzept die zweite und zweifellos reifste Ebene, die ein Mensch zeitlebens einnehmen kann, als die »depressive Position« bezeichnet hat. Neben bzw. hinter der ersten »paranoid-schizoiden Position«, die von ungehalten-destruktiven und namenlos-angstüberflutenden Affektzuständen geprägt ist, geht es im Kern der Dinge um die traurig-bedrückende Erkenntnis, dass genauso wie das andere Selbst auch die eigene Welt irgendwann nicht mehr sein wird. Dies ist nur gemeinsam auszuhalten, auch wenn wir wissend ahnen, dass der Mensch mit seiner Geburt gleichsam in ein isoliertes Dasein tritt.

4.3.1 Das Spiel des Lebens: Tragisches und Komisches

Eventuell lässt sich dieses Geschehen für den menschlichen Geist auch weniger über ernste Todeskonzepte als vielmehr über Humor und das Bewahren von etwas Spielerischem ertragen. Freud ahnte auch diese urgründliche Dynamik und er hat sich intensiv mit dem menschlichen Humor und dessen psychischer bzw. lebenspraktischer Rolle beschäftigt (Freud, 1905). Ohnehin ist er es gewesen, der hervorgehoben hat, wie sehr der Mensch das angemessene Ausleben seiner lustvoll-libidinösen Anteile als Gegengewicht zur todestriebigen Seite benötigt. Anschließende Psychoanalytiker, wie z. B. Rank, Winnicott, Kohut und Frankl, haben ebenfalls auf die tiefe Lebensbedeutung dieser Aspekte hingewiesen und den psychodynamischen Blick auf immanente Aspekte wie Kreativität, Spontanität und Leichtigkeit gerichtet. Die Nähe von Komödie und Tragödie ist seit der Antike tradiert, wobei die Frage nach dem angemessenen Einsatz von Lust- und Humorvollem in psychotherapeutischen Behandlungen aus meiner Sicht nur bejahend ausfallen kann.

Insbesondere wenn man es mit Kinder und Jugendlichen zu tun hat, begegnen einem Aussagen wie: »Tja, leben ist nicht alles im Leben!« oder »Jetzt chill doch mal, ist doch eh alles nur ein Spiel!«, wobei beide Sprüche von früh bzw. schwer beeinträchtigten und traumatisierten Heranwachsenden stammen.

Hierbei geht es um die in vielen Kulturen bekannte tiefe Dichotomie des Schweren zum Leichten bzw. der Tragödie zur Komödie des Lebens. Wenige haben in jüngerer Zeit diese Dualität berührender dargestellt, als Roberto Benigni in seinem Meisterwerk »Das Leben ist schön«. Jeder, der diesen Film gesehen hat, dürfte wissen, was im Kern hier gemeint ist.

In wenigen Zeilen drückt es vorzüglich der große Heinz Erhardt aus, der wie zahlreiche andere berühmte Komiker zeitlebens mit Depressionen zu kämpfen hatte. Er besingt diese tiefsten Lebensebenen kindlich-belustigt in seinem Gedicht über die

»Anhänglichkeit

Das Kind hängt an der Mutter,
der Bauer an dem Land,
der Protestant an Luther,
das Ölbild an der Wand.
Der Weinberg hängt voll Reben,
der Hund an Herrchens Blick,
der eine hängt am Leben,
der andere am Strick ...«

(Heinz Erhardt; aus: Heinz Erhardt, Der große Heinz Erhardt. Lappan in der Carlsen Verlag GmbH, Hamburg 2009.)

Zusammenfassung

Im psychotherapeutischen Kontext haben sich in Bezug auf konkrete Verlusterfahrungen konzeptuelle Trauerphasenmodelle etabliert, die eine dienliche Orientierung in entsprechenden Begegnungen mit Kindern und Jugendlichen geben können. Aus psychodynamischer Perspektive ist auch hier auf etwas Relativierendes hinzuweisen. Tiefe existenzdynamische Ansätze finden sich dabei wie gesehen in zahlreichen psychoanalytischen Konzepten, die Gedanken zu den depressiven Lebensebenen in Anbetracht der Conditio Humana nehmen hierbei wesentliches Gewicht ein.

Aus diesem Grund kann gerade auch in Psychotherapien mit Kindern und Jugendlichen eine entsprechend angemessene Würdigung von Aspekten wie Humor, Spielerischem und Kreativität wohl nicht genug hervorgehoben werden.

Vertiefende Literatur

Bowlby, J. (1983). *Verlust, Trauer und Depression.* Frankfurt a. M.: S. Fischer.
Kast, V. (2013). *Trauern.* Freiburg i. Br.: Kreuz.
Kißgen, R. & Heinen, N. (Hrsg.) (2014). *Trennung, Tod und Trauer in den ersten Lebensjahren.* Stuttgart: Klett-Cotta.
Röseberg, F. & Müller, M. (2014). *Handbuch Kindertrauer.* Göttingen: Vandenhoeck & Ruprecht.
Student, J.-Ch. (1992). *Im Himmel welken keine Blumen.* Freiburg i. Br.: Herder.
Wellendorf, F. & Wesle, T. (Hrsg.) (2009). *Über die (Un)Möglichkeit zu trauern.* Stuttgart: Klett-Cotta.

Weiterführende Fragen

- Warum kann Verlust und Trauer als so grundlegend im Leben betrachtet werden?
- Können sehr junge Kinder bzw. Säuglinge trauern?
- Wie können in Anbetracht elementarer Verlusterlebnisse (wieder) Hoffnung und etwas Tragendes entstehen?
- Weshalb erscheint es auf todesdynamischer Dimension unzureichend, sich ausschließlich auf trennungs- bzw. objektdynamische Aspekte zu beziehen?

4.3.1 Das todessehnsüchtige Kind und Suizidalität: »Das Leben ist nicht auszuhalten«

Beim Thema Suizid hören der Spaß und alles Belustigende definitiv auf. Nichts wird wohl als ernster, bedrohlicher und auch provokanter von Psychotherapeuten erlebt als die vermeintliche Absicht des Gegenübers, sich das Leben zu nehmen. Kein anderer Aspekt konfrontiert einen Psychotherapeuten schließlich unmittelbarer mit dem Tod, der eigenen Sterblichkeit und somit auch mit der innigsten Beziehung zu sich selbst. Hat man es hierbei mit sehr jungen Menschen oder gar Kindern zu tun, dann bewegt man sich gewissermaßen auf der »unerhörten« Ebene des Todes, die dieses Buch begleitet. Dies bestätigend konstatiert Rotthaus mit Bezug auf Henseler und Bründel, dass das Wissen über Suizidgefährdung inzwischen recht hoch, die Literatur zum Umgang dazu jedoch demgegenüber bis heute bedrückend schmal sei (Rotthaus, 2017, S. 13).

»Ab dem Jahr 2000 gibt es im deutschsprachigen Raum keine Bücher mehr, die sich ausschließlich mit dem Thema Jugendsuizid befassen. Die Mehrzahl der Buchveröffentlichungen zum Suizid befassen sich mit der Problematik Erwachsener und sparen den Suizid von Jugendlichen aus« (ebd.).

Und das obwohl Suizidalität bekanntlich ein sehr bedeutsamer Aspekt bei Jugendlichen ist und mitunter auch bei Kindern sein kann.

Begrifflich zu unterscheiden ist zwischen suizidaler Handlung als einem Verhalten, das mit dem Ziel durchgeführt wird, sein Leben zu beenden, auch wenn dies aus diversen Gründen nicht gelingt. Ist der Ausgang tödlich, spricht man von Suizid, wird die Handlung überlebt von Suizidversuch bzw. Parasuizid (ebd., S. 22). Der Ausdruck Suizidalität ist weit gefasst, er schließt Suizidgedanken, -ankündigungen und -pläne mit ein, es ist hierbei hilfreich, zwischen basaler Suizidalität und aktuellem Suizidanlass zu differenzieren. Allgemeine Suizidalität ist gekennzeichnet von einem depressiven Strukturbild und einer bereits länger bestehenden Lebenskrise, während es sich beim aktuellen Suizidanlass »um ein Geschehen handelt, das sozusagen das Fass zum Überlaufen bringt« (ebd., S. 23).

In der Gegenübertragung mit entsprechenden Patienten werden indes teils archaische Gefühle von Schuld, Hilflosigkeit, Hass und Wut, Sorge und beschützende Impulse und – vor allem – Angst und Ohnmacht empfunden (vgl. Kind, 2017, S. 10).

»Stärker als bei anderen Patienten merkt man die außerordentlich starke »interaktionelle Potenz«, mit der man in die Beziehung zum Patienten hineingezogen wird« (ebd.).

4.3 Das todtraurige Kind: Depression des Lebens im Angesicht des Todes

So steht insbesondere bei der Konfrontation mit suizidalen Menschen vor allen theoretisch-abstrakten Verständnisversuchen die Auseinandersetzung mit den eigenen Todesthemen im Mittelpunkt. Gerade die psychotherapeutisch obligatorische Notwendigkeit zur diagnostischen Einschätzung etwaiger Selbstgefährdungstendenzen dürfte davon berührt sein. Häufig können entsprechende Hinweise, auch von jüngeren Kindern, aufgrund der eigenen Vermeidungshaltung des Psychotherapeuten zu diesen Todesbereichen nicht adäquat wahrgenommen werden.

Wie stehe ich als Kinder- und Jugendlichenpsychotherapeut also zu existenziellen Themen wie Freiheit, Autonomie, Individualität? Welcher definitorische Begriff liegt mir diesbezüglich näher: »Selbstmord« als moralisch aufgeladene Beschreibung der aggressiv-destruktiven Regungen, »Freitod« mit seiner romantisch nuancierten Note oder »Suizid« (von lat. *suicidium*, aus *siu* »sich selbst« und *caedere* »erschlagen, töten, morden) als fachlich-neutralere Umschreibung? Was bewegt mich angesichts der Conditio Humana, speziell im Hinblick auf die kindliche Seele? Wie groß muss der (Welt-)Schmerz im Leben sein, damit der Tod als Erlösung gesehen werden darf? Wie weit kann ein Jugendlicher oder gar ein Kind das Recht auf Selbstbestimmung haben und darf das Rätsel nach dem eigenen Ableben zumindest gedacht werden? Wem gehört das Leben schlussendlich?

Diesen schwerwiegenden Fragen versuche ich mich in meiner praktischen Arbeit zum einen aus einer existenziell-dynamischen Haltung und zum anderen aus einer relational-apellativen Sicht auf Suizidalität zu nähern. Suizidale Bewegungen des Menschen verstehe ich somit nicht ausschließlich als pathogenes Geschehen. Vielmehr sind sie als verzweifelte, aber auf ihre Art konstruktive bzw. objektgewinnende Versuche zu deuten, das bisherige Leben zu beenden und etwas Neues zu entdecken. Suizidalität dient somit als quasi letzte Bastion, als »letztes Mittel zur Beziehungsaufnahme. Im Kern all der suizidalen Destruktivität wäre dann ein konstruktives Anliegen verborgen« (Kind, 2017, S. 10). Elementar erscheint mir bei dieser Haltung die Freiheit zum Bewusstsein darüber, nicht alles verstehen und halten zu können. In einem sind sich alle Fachleute einig: Schlussendlich kann man niemand davon abhalten, sich das Leben zu nehmen bzw. sich dem Tod hinzugeben!

Hier wird nochmals die basale Bedeutung dieser Thematik für Kinder- und Jugendlichenpsychotherapeuten in ihrer entwicklungsbegleitenden Rolle deutlich. Bei Jugendlichen ist Suizidalität in all ihren Facetten von absoluter Autonomiebestrebung bis völliger Verschmelzungssehnsucht wie erwähnt ein zentrales Entwicklungsthema. In Deutschland nehmen sich pro Jahr etwa 200 Jugendliche das Leben, wobei Suizidversuche auf etwa 10- bis 20-mal so viel geschätzt werden. Hier vermuten Fachleute eine noch höhere Dunkelziffer, da zahlreiche Unfälle suizidale Hintergründe haben dürften (Rotthaus, 2017, S. 28 ff.). Die an sich gesunde und der adoleszenten Altersphase angemessene Austestung elementarer Lebensgrenzen kann schnell übers Ziel hinausschießen. Entsprechende Impulshandlungen gelten dabei bereits im Kindesalter als Risikofaktor. Hier geben aktuelle Statistiken die Zahl der Suizide bei den unter Zehnjährigen mit 0 an. Allerdings ist wie erwähnt zu vermuten, dass es doch eine ganze Reihe von Suiziden in dieser Altersphase gibt, die jedoch – teils unbeabsichtigt und teils beabsichtigt – als Unfälle deklariert werden (ebd.).

Entsprechende suizidale Äußerungen bzw. Hinweise der Kinder oder deren Eltern sind dabei immer ernst zu nehmen. Auch wenn als Gründe für die relativ seltenen Suizide von Kindern das Vertrauen in die elterlichen bzw. familiären Versorgungsstrukturen und eine noch recht unausgebildete Individuation genannt werden, so kann nicht vorschnell davon ausgegangen werden, dass Kindern die Tragweite ihrer Äußerungen oder Handlungen nicht bewusst seien. Orbach kommt nach eingehenden Untersuchungen zu dem Schluss:

> »Entgegen der allgemeinen Meinung scheint der Suizid von Kindern nicht das Ergebnis eines Missverständnisses zu sein. Sowohl kommunikativ wie auch emotional scheinen die suizidalen Kinder ein genügendes Bewusstsein über die Bedeutung ihrer Handlungen zu haben. Sie begreifen die Endgültigkeit von Tod genauso wie andere auch. Daher wäre es falsch, ihre Handlungen als Spiele mit tragischem Ausgang oder Unfälle ohne Hintergrund anzusehen« (zit. nach ebd.).

Psychodynamisch sollte also selbst bei jüngeren Kindern ein diesbezügliches Augenmerk auf entsprechenden Kommentaren und auf einer auffallend erhöhten Unfallneigung liegen. Besondere Bedeutung nehmen auch entsprechende Hinweise aus der Biografie ein, hier sind insbeson-

4.3 Das todtraurige Kind: Depression des Lebens im Angesicht des Todes

dere Suizide bzw. Suizidversuche nahestehender Menschen zu beachten.

Bei der Behandlung eines achtjährigen Jungen zeigte sich diese Dynamik eindrücklich. Er kam mit regressiven Symptomen zu mir in Therapie, etwa ein Jahr nachdem seine Mutter sich in einer psychiatrischen Klinik nach langjährigen schweren Depressionen umgebracht hatte. Die Hintergründe dieser Tat blieben für den Jungen, seine Geschwister und auch für das Umfeld lange unklar. Mein anfänglicher Eindruck war dabei etwas zutiefst Tabuisiertes und ich phantasierte, wie die Mutter von einem regelrecht mystischen Nebel umgeben war, während der Junge sie aufs Stärkste vermisste. Diese dynamischen Eindrücke bildeten sich im Anschluss eindrücklich in unseren gemeinsamen Sitzungen ab. Der Junge beschäftigte sich dabei intensiv mit der Babypuppe, welche er liebevoll versorgte. Dies löste bei mir enorme Traurigkeit aus, über welche auch eine behutsame Annäherung an seine eigenen Trauergefühle möglich wurde. Gleichzeitig vernachlässigte der Junge in seinem Spiel das besagte Babyobjekt schwer und brachte es so wiederholt an den Rand des Lebens. Ableben ließ er es jedoch nie. Über die entsprechend angemessene Bearbeitung in unserer Übertragungsbeziehung konnte ihm Raum gegeben werden für seine weitergehenden Emotionen von Ärger, Frust, Enttäuschung, aber auch Unverständnis und – existenzieller – Angst. Wir konnten uns seiner »Zuflucht in die Regression« somit auf einer elementaren Ebene nähern. »Wie kann es nur für das Baby gut weitergehen?«, war einer meiner wiederholt angedeuteten Gedanken an den Jungen.

Eine intensive Auseinandersetzung mit existenziellen Themenbereichen erscheint für Kinder- und Jugendlichenpsychotherapeuten unter diesen Gesichtspunkten unabdingbar und kann erhebliche suizidprophylaktische Wirkung haben. Dabei kann beispielsweise auch der vielgefürchtete »Werther-Effekt« etwas von seiner Bedrohlichkeit verlieren. Angelehnt an Goethes berühmten Suizidanten im gleichnamigen Briefroman und den entsprechenden Nachahmungstaten nach dessen Erscheinen wurde auch in heutiger Zeit wiederholt festgestellt, dass die Suizide in der Bevölkerung nach bestimmten medialen Darstellungen bzw. Berichterstattungen deutlich zunehmen. Der Sog des Todes bzw. das Todestriebhafte können immens sein und das entsprechende Verstehen kommt immer wieder an seine Grenzen.

Formen der Suizidalität

Zum psychodynamischen Verständnis sowie zur angemessenen Bearbeitung von Suizidalität und einer entsprechend förderlichen Unterstützung hat wie erwähnt Jürgen Kind sehr hilfreiche Gedanken formuliert. Er grenzt dabei zwei grundsätzliche Formen ab: die fusionäre und die manipulative Suizidalität. Aufgrund der sie begleitenden schweren Beurteilungsfähigkeit ist dabei durchgehend unbedingt noch auf die resignative Suizidalität zu achten.

Bei der Verschmelzungssuizidalität sucht der Patient »Ruhe und Frieden« bzw. eine Verbindung zur »guten Mutter Erde« (Kind, 2017, S. 13). Auf diesem höchst regressiven Strukturniveau muss der Therapeut mit einer Kraft rechnen, die den Patienten dazu verführen möchte, eine symbiotische Verbindung mit jemand anderem einzugehen. Deshalb kann es hier elementar wichtig sein, sich als therapeutisches Gegenüber nicht zu sehr um ein tiefgehendes Verständnis zu bemühen. Manche Patienten würden »verstehen« mit »übereinstimmen« verwechseln (ebd.). So gilt es in der therapeutischen Arbeit immer im Auge zu behalten, dass der Versuch, den anderen zu verstehen, in manchen Fällen mit einer Destabilisierung des Patienten einhergehen kann. Es muss also berücksichtigt werden, wie viel Übereinstimmung toleriert werden kann und wo die Unsicherheit des Patienten bezüglich der Stabilität seiner Ich-Grenzen liegt. Mit diesem »Nicht-Verstehen« sollte sich jedoch wie erwähnt auch der Therapeut selber vorsorglich auseinandersetzen, Kind weist ebenfalls darauf hin, dass jeder Mensch »Bereiche der Nicht-Übereinstimmung« benötigt.

Die manipulative Suizidalität ist die am stärksten objektbezogene Form. Sie bezieht sich, im Gegensatz zur fusionären Suizidalität nicht auf ein globales, apersonales Objekt, sondern auf einen konkreten Menschen. Aus diesem Grund reagiert man gegenübertragend hier stärker als bei der fusionären Form. Man fühlt sich durch verschiedene Gefühls-

4.3 Das todtraurige Kind: Depression des Lebens im Angesicht des Todes

spektren von Gereiztheit, Wut, Enttäuschung, Schuld und Angst, als habe der Andere einen in der Hand. Kind sieht in dieser Art den Versuch des Patienten, seine Bezugsperson in den Griff zu bekommen, aber auch sich seiner Affekte zu entlasten. Es geht also um die grundlegende tiefe Angst, sein »lebenserhaltendes« Objekt zu verlieren. Darüber hinaus gehe es aber auch um eine »Objektänderung«, d. h. um das basale Bedürfnis, richtig gesehen zu werden. Oft haben solche Menschen das Gefühl, dem Anderen überhaupt nichts zu bedeuten. Das Phänomen von der »Reue am Grab« veranschaulicht diese Vorgänge sehr passend. Wenn schon nicht im Leben, dann soll zumindest im Ableben eine Spur in den relevanten Bezugspersonen hinterlassen werden.

Hier kommt man unweigerlich zum aggressiven Grundaffekt und damit zur Selbstmordtheorie Freuds. Dieser beschreibt den Suizid nicht nur als letzte Konsequenz einer zugrundeliegenden narzisstisch-depressiven Dynamik, sondern als Lösung eines Aggressionskonfliktes. Freud formuliert: »dass kein Neurotiker Selbstmordabsichten verspüre, der solche nicht von einem Mordimpuls gegen andere auf sich zurückwendet« (Freud, 1917). Demnach richtet die suizidale Person im Falle von Enttäuschungen und Kränkungen ihre unbewussten Hass-, Rache- und Mordimpulse gegen den Menschen, den sie früher so geliebt und der sie jetzt bitter enttäuscht hat. Da dieser Mensch als Selbstobjekt jedoch existenzielle Bedeutung für die suizidale Person hat, muss sie ihre destruktiven Impulse gegen sich selbst richten. Henseler beschreibt diese – inneren – Vorgänge in Anlehnung an Kohut vor dem Hintergrund der hohen Kränkbarkeit und des schwachen Selbstwertgefühls von suizidalen Patienten. Diese fühlten sich schnell verletzt, während sie gleichzeitig ihre eigenen Fähigkeiten oft überschätzen. Ihnen fehle es an angemessenem Einfühlungsvermögen, während sie dabei vollständig abhängig von einer anderen Person bleiben. Da die Angst überwiegt, dieses lebensnotwendige Selbstobjekt durch etwaige aggressive Durchbrüche zu verlieren, wird mit der Suizidhandlung die Aggression gegen das eigene Ich gerichtet (Henseler, 1987).

Mit Kind wiederum ist hier auf etwas sehr Bedeutsames hinzuweisen. Es ist im therapeutischen Prozess in der Regel unangebracht, diese vermutete Aggression zu vorschnell bzw. überhaupt hervorbringen zu wollen. Man müsse größte Vorsicht walten lassen, wolle man auf die Aggression des Patienten gegen sich selbst mit einer Gegenaggression reagieren.

»Immer ist zu bedenken, dass der Patient ja bereits selbst unter einem für ihn kaum noch tolerierbaren Maß an Aggression leidet, die er, da er sie anders nicht »containen« kann, gegen sich selbst wendet« (Kind, 2017, S. 22).

Mit dieser »Gegenaggression« richtet Kind den therapeutischen Blick auf »ein schwieriges und oft tabuisiertes Feld« (ebd.). Nicht nur die Aggressionen des suizidalen Patienten und dessen Projektionen auf den Therapeuten sind von Relevanz, sondern auch die eigenen destruktiven Impulse, »denn jeder, der mit suizidalen Patienten zu tun hat, kennt auch bei sich Anzeichen für aggressive Impulse gegen den Patienten« (ebd.).

Er verweist dabei auf die weniger bekannte Haltung von Paul Federn, der bereits früh eine Gegenmeinung zu Freuds Standpunkt formulierte, dass »in der Regel sich nur der mordet, den ein anderer tot wünscht« (zit. nach ebd.). Wie mag es also einem Menschen gehen, der von einem anderen tot gewünscht wird? Und wie kann dieser Mensch sich jemals ausgehalten vorkommen? Dieser Todeswunsch kann in mehreren, auch unscheinbareren Variationen auftreten. Es ist somit unbedingt darauf zu achten, welche anamnestischen Hintergründe bzw. Gegebenheiten den suizidalen Patienten in Anbetracht seiner wichtigsten Bezugspersonen begleiten. Auch hierbei geht es schlussendlich um die Würde und Eigensinnigkeit des Individuums. Dieser eigene Lebenssinn kann nur in angemessener Verbindung mit einem »signifikant Anderen« entstehen.

Am einleitend angeführten Fallbeispiel mit der depressiven Patientin kann hervorgehoben werden, dass es psychotherapeutisch nicht zielführend sein kann, sich lediglich auf etwaige Gespräche über den vermeintlichen Sinn des Lebens einzulassen. Vielmehr muss insoweit möglich erfühlt werden, was in der jeweiligen Situation von der Patientin gebraucht und toleriert wird. Dies muss wiederum mit den eigenen Bedürfnissen und Grenzen des Therapeuten abgestimmt werden. Gerne weise ich in solchen oder ähnlichen Situationen auf »die Sinne« des Lebens hin.

Das entsprechende Vorgehen lässt sich mit der Theorie der Affektspiegelung und Markierung von Fonagy und Kollegen gut erfassen

4.3 Das todtraurige Kind: Depression des Lebens im Angesicht des Todes

und reflektieren (2004). Gerade wenn also auch beim Therapeuten von eigenen existenziellen Befürchtungen und Todesängsten auszugehen ist, muss es darum gehen, das Eigene von dem des Anderen unterscheidbar zu machen. Dies wird über die sogenannte Affektmarkierung möglich, wobei dies früheste und basale zwischenmenschliche Abläufe abbildet. Die besagte Forschungsgruppe um Fonagy hat hier hochdifferenzierte und effiziente Modelle entwickelt, auf die bei näherem Interesse verwiesen wird.

Mit der genannten Patientin geht es wesentlich um die sich eröffnende Möglichkeit des (Neu-)Erfühlens ihres eigenen psychischen Binnenraums und somit auch ihrer Grenzen. Dies ist in solchen Konstellationen nur über intensives Containment und die reziproke Grenzannäherung des Therapeuten an seine eigenen namenlosen bzw. katastrophenartigen Erkenntnisbereiche möglich. Hier muss sich der Therapeut auch immer wieder der oben angedeuteten Frage stellen: Kann und will ich solch einen Patienten annehmen und aushalten?

Die Behandlung mit der jungen Frau, die regelmäßig von unkontrollierbaren Affektüberflutungen heimgesucht wurde, erweist sich als grenzgängig. Immer wieder pendeln meine inneren Abläufe dabei zwischen vorsichtiger Zuversicht und überkommender Resignation hin und her. Besonders die wiederholten Suizidversuche sind schwer auszuhalten, wobei diese kurzzeitig auch eine vorher nicht dagewesene Nähe mit sich bringen. Diese kann therapeutisch partiell genutzt werden, wobei es wiederum genau diese Annäherung zu sein scheint, die von der Patientin als immens bedrohlich empfunden wird. Während es in der Übertragungsbeziehung durchaus möglich wird, sich über die – auch libidinös-ödipal gefärbte – Dynamik dieser Nähe-Distanz-Regulierung auszutauschen, bleiben die erwähnten Gefühlsüberflutungen lange unbearbeitet. Erst als es der jungen Frau möglich wird, annähernde Worte für diese nicht benennbaren Zustände zu finden, scheint sich ein neuer potenzieller Denkraum anzubahnen. Ihre Beschreibungen ähneln dabei stark den von Winnicott umschriebenen »archaischen Seelenqualen« bei der »Angst vor dem Zusammenbruch«. Vor diesen nicht zu resignieren und sich ihnen wahrhaft zu stellen, erachte ich als eines der schwersten Unterfangen während der therapeutischen Lebensreise.

Abschließend ist noch unbedingt auf die bereits angesprochene resignative Suizidalität einzugehen. Während in den fusionären und manipulativen Ausprägungen von einem gewissen Beziehungswunsch des Patienten auszugehen ist, kann das entsprechende Gebaren zur vermeintlichen Objektsicherung bzw. Objektänderung aufgrund seiner Vergeblichkeit schließlich zum Erliegen kommen. Es ist auch möglich, dass diese Impulse so gar nie vorhanden waren. Das darauf häufig folgende Gegenübertragungsgefühl der völligen Überflüssigkeit und des resignierten Sich-Aufgebens ist unbedingt zu beachten.

Das präsuizidale Syndrom

Nicht zuletzt hier kann das Wissen über das »präsuizidale Syndrom« sehr hilfreich sein. Dieses wurde bereits für das Kindesalter nachgewiesen. Die Merkmale sind (vgl. Ringel & Löchel, in Rotthaus, 2017, S. 110 ff.):

1. Einengung: Es entsteht ein sozialer Rückzug, das Kind oder der Jugendliche verhält sich zunehmend gehemmt, vergrault wenn vorhanden seine Freunde und beschäftigt sich nur noch mit sich selbst. Im Weiteren kommt es zu einer situativen Einengung, bestimmte Situationen werden als überwältigend und bedrohlich empfunden, das eigene Ich wird dabei als ohnmächtig und wie ausgeliefert erlebt. Diese Wahrnehmung verfestigt sich und das Sozialleben wird weiter eingeschränkt. So fühlt sich der Betroffene immer mehr unverstanden und einsam. Es kommt zu einer zusätzlichen Entwertung früher gemochter Betätigungen und Lebensfeldern, wodurch sich die Isolation noch weiter verschärft.
2. Aggressionshemmung: Die Regungen aggressiver Natur nach außen sind massiv gehemmt, obgleich heftige Vorwürfe gegen Außenstehende empfunden werden. Die Aggressionsobjekte erscheinen jedoch übermächtig, so dass es zu einem Zustand ohnmächtiger Wut und Verbitterung kommt. Dieser richtet sich schließlich im Sinne einer Aggressionsumkehr gegen die eigene Person.
3. Schließlich treten Suizidphantasien und dementsprechende Pläne auf. Je konkreter sie werden, je dauerhafter sie persistieren und je

4.3 Das todtraurige Kind: Depression des Lebens im Angesicht des Todes

konkreter sie sich auf eine bestimmte Suizidmethode beziehen, desto ernster sind sie zu bewerten! Zu beachten ist, dass Suizidphantasien gerade bei Kindern und Jugendlichen fast immer von Suizidankündigungen begleitet werden. Diese werden in der Regel sehr direkt geäußert (z. B. mit Sätzen wie: »Am liebsten wäre ich tot«, Allen würde es ohne mich besser gehen« oder »Ich mach Schluss«.). Gelegentlich zeigen sich Suizidankündigungen aber auch eher indirekt, wie über psychosomatische Beschwerden, plötzliche Leistungsverweigerung in der Schule, Schulschwänzen, Abwendung von der Familie oder dem Herschenken eigentlich geliebter Gegenstände. Als ein sehr auffälliges Alarmzeichen ist diesbezüglich das Weglaufen von zu Hause zu deuten.

Zusammenfassung

Der Anspruch an den Therapeuten beim verantwortungsvollen Umgang mit Suizidalität ist immens. *Suizidale Äußerungen bzw. entsprechende Hinweise von Patienten gleichgültig welchen Alters sind dabei immer ernst zu nehmen!*

Die angemessene differenzialdiagnostische Einschätzung der oben genannten Merkmale kann mitunter schwerfallen, zumal viele der genannten Auffälligkeiten auch bei anderen Symptombildern des Kinder- und Jugendlichenalters vorkommen. Das Thema des eigenen Tot-Sein-Wollens verunsichert und bringt den Menschen an seine Grenzen. Diese können nach eingehender Selbstreflexion dem Patienten jederzeit adäquat vermittelt werden. Die eigene Auseinandersetzung mit existenziellen Themen kann dabei helfen, entsprechende Hinweise nicht zu übersehen. So ist bei hinreichender Dokumentation über die Begründungen für das eigene Vorgehen in den entsprechenden Situationen das Risiko etwaiger juristischer Konsequenzen auch äußerst gering (vgl. Rüping & Lembke in Rotthaus, 2017, S. 65). Das ist insofern von großer Bedeutung, weil für Psychotherapeuten vordergründig die Angst vor den Konsequenzen eines Patientensuizids und die Angst vor diesbezüglichen Fehleinschätzungen die am häufigsten genannten Befürchtungen im Umgang mit suizidalen Patienten darstellen (vgl. Dorrmann in ebd.). Allerdings sei in Deutschland bisher noch kein Psychotherapeut wegen solch eines Kunstfehlers verurteilt worden! Aus meiner Sicht macht dies nochmal die darunterliegenden existenziellen Ängste des Psychotherapeuten deutlich.

Bei der unmittelbaren Konfrontation mit Suizidalität offenbart sich die Essenz des existenziellen Handlungsdialoges und der Triangulierung in ihrer höchst verdichteten Form. Sorgfältige Inter- bzw. Supervision als triangulierendes Element ist dabei unabdingbar, auch sehr bedrohlich einnehmende Aktivitäten des suizidalen Patienten können unter dem Aspekt der unbewussten Objektbeziehungsgestaltung gesehen werden. Diese beinhalten bei aller selbstschädigenden Persistenz immer auch einen konstruktiven Kern im Sinne einer Bewältigungsstrategie mit radikalen Veränderungsimpulsen.

Dabei sollte sich der Therapeut nach Möglichkeit auch der etwaigen Aufarbeitung bei vollzogenem Suizid eines Patienten angemessenen Raum gestatten. Der Trauer um diesen Menschen ist ein würdiger Rahmen zu geben.

Vertiefende Literatur

Henseler, H. (1984). *Narzisstische Krisen. Zur Psychodynamik des Selbstmordes.* Opladen: Westdeutscher Verlag.
Kind, J. (1992). *Suizidal. Die Psychoökonomie einer Suche.* Göttingen: Vandenhoeck & Ruprecht.
Rotthaus, W. (2017). *Suizidhandlungen von Kindern und Jugendlichen.* Heidelberg: Carl Auer.
Vogel, R. (2012). *Todesthemen in der Psychotherapie.* Stuttgart: Kohlhammer.

Weiterführende Fragen

- Wie stehe ich als Kinder- und Jugendlichenpsychotherapeut zum Thema Suizid?

4.3 Das todtraurige Kind: Depression des Lebens im Angesicht des Todes

- Weshalb erscheint es für Kinder- und Jugendlichenpsychotherapeuten so elementar, sich mit eigenen todesbezogenen Themen auseinanderzusetzen?
- Wie kann sich eine hilfreich-tragende Unterstützung für Psychotherapeuten bei entsprechenden Belastungen gestalten?

5 Das Kind, der Tod und schöpferische Kraft

Der Mensch braucht Hoffnung und diese erfahren wir in Beziehung zu anderen, zu uns selbst und zu unserem Tod. Das sich einlassende Nachdenken über den Tod bringt uns zwangsläufig dem – inneren – Kind und dem Leben näher, schlussendlich kann sich niemand im Leben endgültig von seiner Kindheit lösen. Wie gesehen bewegt sich das kindliche Erleben und Gestalten ursprünglich sehr nah an todesdynamischen Ebenen, wobei wir Erwachsenen im Angesicht unserer Sterblichkeit seelisch gleichfalls nicht weit davon entfernt scheinen, gleichgültig wie reif und reflektiert wir uns erleben mögen. Auch wenn regressive Tendenzen dabei immer auch verleugnend bzw. abwehrgeleitet sein und pathologische Züge annehmen können, sollte nicht vernachlässigt oder gar vergessen werden, dass wir deren förderlichen Gehalt für ein gesundes Leben und Miteinander elementar brauchen.

Hier sehe ich prinzipiell Parallelen zwischen kindlichem und erwachsenem Denken:

>»Es ist nicht so bemerkenswert, dass Kinder zu den erwachsenen Ansichten über die Beendigung des Lebens gelangen, sondern vielmehr, wie hartnäckig Erwachsene ihr ganzes Leben lang an den Vorstellungen des Kindes festhalten und wie bereitwillig sie zu ihnen zurückkehren« (Rochlin zit. nach Yalom, 2000, S. 135).

Wer also, wenn nicht das Kind – in uns allen – mit seinen phantasievollen Widerstands- Kräften, könnte für die Suche nach unserem schöpferischen Potenzial und einem versöhnlich-heilsamen Umgang mit dem unbegreiflichen Tod wegweisend sein.

Häufig liest und hört man von der Flucht der Kinder in die Phantasie, falls die Erwachsenen nicht adäquat auf deren Neugier und ihr berechtigtes Interesse an den Todesthemen eingehen. Natürlich ist auf die entsprechenden Gestaltungen des – inneren – Kindes angemessen einzugehen und dieses zu halten, eben weil darin ja gleichfalls unser egozentrisch-destruktives und von Allmacht gelenktes Potenzial schlummert. Dabei möchte ich psycho- bzw. todesdynamisch nochmals hervorheben: Die kindliche Phantasie ist diesbezüglich unser aller Rettung! Sie gilt es lebensförderlich zu gestalten und aufs Höchste zu achten.

»Das Kind im Menschen wurde von der Psychoanalyse als ein Störenfried entdeckt, der sich im Leben des Erwachsenen immer wieder störend zu Wort meldet. Das Kind im Menschen ist aber in Wirklichkeit sein Schutzengel, der ihm immer zur Verfügung steht, und schließlich ist es für den Menschen die Quelle seiner Kultur und Menschlichkeit. (...) Das Kind im Menschen ist sowohl Schutz wie auch Gefahr, aber es ist des Menschen bestes Teil« (Lempp, 2003, S. 165).

Diese im wahrsten Sinne des Wortes kreativen und schöpferischen Bereiche gilt es im Lebens- als gerade auch im psychotherapeutischen Prozess zu berühren und zu ergründen. Walt Whitman tut dies auf unnachahmliche Art und Weise in seinem »Gesang von mir selbst«:

»Ich feiere mich selbst und singe mich selbst,
Und was ich mir anmaße, das sollt ihr euch anmaßen,
Denn jedes Atom, das mir gehört, gehört auch euch!«
(Walt Whitman; aus Whitman, 2009, S. 39)

In diesem abschließenden Kapitel (▶ Kap. 5.1) soll etwas von den urmenschlichen heil- und kraftbringenden Dingen aufscheinen, ohne die es aus meiner Sicht keine Menschlichkeit gäbe.

5.1 Die Schöpfung des Selbst im Leben

Rank beschreibt wie bereits erwähnt in seinem Werk »Wahrheit und Wirklichkeit« einen erhellenden, aber zunächst vielleicht auch verstörenden Gedanken im Zusammenhang mit der menschlichen Existenz und Todesdynamik. Mit der absoluten Wahrheit über seine existenzielle Tragödie könne der Mensch nicht leben und um leben zu können, brauche man zeitlebens Illusionen (Rank, 2015, S. 56).

5 Das Kind, der Tod und schöpferische Kraft

Nach Rank ist die sogenannte Normalität nichts anderes als das Ergebnis einer unbewusst organisierten kollektiven Lüge über die existenzielle Tragödie. Diese Tragödie beschreibt Ernest Becker als »Individualität in der Endlichkeit«. Der Mensch ist ein zutiefst dualistisches Wesen, Erkennender und Erkannter in einem:

> (...) »(D)er Mensch ist buchstäblich in zwei Hälften gespalten: Er weiß um seine eigene, herrliche Einmaligkeit (...) und doch braucht er nur ein paar Meter unter die Erde zu gehen, um blind und stumm zu verwesen und für immer zu verschwinden« (Becker, S. 54).
> »Es ist ein schreckliches Dilemma, mit dem er leben und sich abfinden muss« (ebd.).

Rank wiederum fragt sich, ob sich der neurotische Mensch eventuell viel näher an dieser Wahrheit bewegt, aber eben an einer schöpferischen Bewältigung des Lebens scheitere. Er versteht den Neurotiker dabei als verhinderten (Lebens-)Künstler.

Das Schöpferische wiederum bildet einen Grundpfeiler in Ranks Denken, den er seit seinen Anfangsschriften fundamentiert. Wie beschrieben waren Freud und Rank sich zu Beginn darin einig, »dass die verlängerte Hilflosigkeit des Menschenbabys ein Bedingungshintergrund für die spätere Neurosenbildung ist« (Janus in Rank 2006, S. 11). Rank arbeitet hier ausgehend heraus, wie die Ich-Bildung eines jeden Menschen einen kreativen Ersatz für das vorgeburtliche Selbst beinhaltet.

> »Die Geburt mit ihren Aspekten des Heldenkampfes wird zu einem Angelpunkt für die Neuorganisation des Selbsterlebens. Aus dem Kosmos des Mutterleibes gelangt das Kind in eine ›neue Welt‹.
> Der Mensch wird nicht nur passiv geboren, sondern die Geburt als ein Sich-zur-Welt-Bringen stellt für das eigene Erleben so etwas wie einen schöpferischen Akt dar« (ebd.).

Man könnte also anstatt vom Trauma auch vom Wunder der Geburt sprechen.

Für Rank stellt dieses Wiedergeburtserlebnis psychologisch den eigentlichen Schöpfungsakt des Menschen dar.

> »Denn in ihm wird nicht nur das Individuum, das seelische Ich, aus dem biologischen Körper-Ich geboren, sondern in ihm ist der Mensch Schöpfer und Geschöpf zugleich, oder eigentlich wird er aus einem Geschöpf zum Schöpfer – im idealen Fall seiner selbst, seiner Persönlichkeit« (Rank, 2015, S. 6).

5.1 Die Schöpfung des Selbst im Leben

Hier setzt auch seine therapeutische Agenda an, indem es ihm in der »analytischen Situation« darum geht, die beiden fundamentalen Ängste vor Leben und Tod zu differenzieren und erlebbarer werden zu lassen. Da die frühesten Erfahrungen nicht sprachlich repräsentiert sind, können sie zunächst nur über das Erleben fassbar werden und damit ist »das unmittelbare affektive Erlebnis in der analytischen Situation das wesentliche therapeutische Agens in der Kur« (ebd., S. 16). Wesentlich erweist sich hierbei insbesondere der vielbeschworene Widerstand des Patienten bzw. Menschen, der laut Rank *auch* als Potenzial verstanden werden kann, das es im Sinne einer potenziellen, konstruktiv-schöpferischen Tendenz zu befreien gälte, als es – wie im klassischen psychoanalytischen Sinne – verstärkt als Hemmung oder gar Destruktion zu deuten. Laut Janus betont Rank mit Hinweis auf die in uns allen wohnende »Urkraft« das positive Willenspotenzial des Patienten, während die Psychoanalyse Freuds und auch Melanie Kleins den »gestörten« Patienten nuanciert. Es seien diese positiven Potenziale, die dem Patienten ein Überleben unter widrigen bzw. traumatischen Umständen ermöglicht hätten, auch wenn dies um den Preis der Selbstverformung in der Neurose geschehen ist. Die Neurose stellt dabei den gescheiterten Versuch dar, sich aus eigener (Ur-)Kraft immer wieder selbst zu erschaffen, etwas das dem »künstlerischen Typ« nachhaltig mit Hilfe seiner schöpferischen Kräfte gelänge.

Rank wurde im Zuge seiner Erfahrungen also gewahr, dass die humanen Illusionen nicht das Problem, sondern ganz im Gegenteil gerade das sind, was es insbesondere für Psychoanalytiker bzw. -therapeuten zu beachten und wertzuschätzen gilt. Die einzig vorstellbaren Gegenstücke zur so fundamentalen menschlichen Angst stellen für ihn das Schöpferische und die Liebe dar:

> »Als Liebe manifestiert sich jedes Gefühl, das in seiner Totalität zugelassen wird, ja man möchte fast Liebe mit Totalität identifizieren, ebenso wie Angst und alle negativen Gefühle mit Partialität« (Rank, 2006, S. 447).

Um es mit dem französischen Philosophen Gabriel Marcel auf den Punkt zu bringen:

> »Jemanden lieben heißt ihm sagen: Du wirst nicht sterben.« (Marcel, 1952, S. 472.).

5 Das Kind, der Tod und schöpferische Kraft

Besonders aus kindertherapeutischer Sicht beachtenswert erachte ich hier nochmals die Gedanken Winnicotts, der wie erwähnt ebenfalls sehr am »intermediären Raum« zwischen Phantasie und Realität interessiert gewesen ist. Der Bereich der Illusionen und des Schöpferischen nimmt bei ihm einen wichtigen Platz ein. Winnicott versteht diese wie Rank nicht in erster Linie als pathologisches Problem, sondern er bringt sie positiv konnotiert gemäß seiner Ableitung aus dem lateinischen »ludere« mit »spielen« in Verbindung. Winnicott betrachtet somit gleichsam wie Rank Illusionen als kreativen und zutiefst basalen Erfahrungsaspekt des Menschen. Diese lebendig zu halten und in eine kollektiv annehmbare bzw. die individuelle Gesundheit fördernde Bahn zu lenken, ist wohl mitnichten einfach, kann aber als elementares Lebens- und damit Therapieziel angesehen werden.

Unübertrefflich drückt dies alles Edgar Allan Poe, der seit seinem zweiten Lebensjahr als Vollwaise aufgewachsen war, in seinem weltberühmten Gedicht aus:

»Der Traum im Traume

Auf deine Stirn dir diesen Kuss
und da ich leider gehen muss,
erfährst du nun zum Schluss:
Wie wahrhaft deine Klage,
welch Traum war'n meine Tage.
Wenn alle Hoffnung fliehen mag
in dunkler Nacht und auch bei Tag
in starkem Glauben oder Kleinem,
kann es deshalb minder scheinen?
Doch was wir scheinen oder schaun,
es bleibt der Traum in einem Traum.

Brüllende Brandung, fest am Rand,
steh ich am gischtgepeitschtem Strand
und ich halt in meiner Hand
Körner schwer aus goldnem Sand –
ein paar nur, doch sie rieseln
durch die Finger wie ein Fließen,
und meine Tränen schießen!
Ich kann sie doch nicht halten;
müsst die Finger fester falten?

5.1 Die Schöpfung des Selbst im Leben

> *O Gott! Wie kann ich Körner retten*
> *vor gnadenlosen Wellenketten?*
> *Ist, was wir scheinen oder schaun,*
> *doch nur ein Traum in einem Traum?«*
> (Edgar Allan Poe; aus: Blome, H. [2011]. Dream within a Dream: Geschichte eines Gedichtes. Mit freundlicher Genehmigung von Hendrik Blome und dem Schweitzerhaus Verlag aus Lindlar)

Unter diesen Annahmen lassen sich die wohl jedem Psychotherapeuten bekannten Szenen, in denen man nichts zu verstehen und das eigene Denken auszusetzen scheint, in denen man gelangweilt bzw. regelrecht »todmüde« oder andersherum so aufgebracht und aggressiv wird, dass man außer sich scheint, auch als tief existenzielle Begegnungen verstehen. Darunter dürften auch lange Schweigephasen, Abbrüche jeglicher Art sowie Rahmenverletzungen fallen. In der Regel werden solche Abläufe psychodynamisch als projektive Vorgänge interpretiert, bei denen man als Therapeut quasi die (noch) nicht aushaltbaren Elemente seines Gegenübers »abbekommt« und in seiner Gegenübertragung spürt. Dies ist jedoch nur ein Teil der Wahrheit, wenn auch therapeutisch ein sehr bedeutender und hilfreicher. Ich möchte mich hier auf eine weitere psychodynamische Ebene konzentrieren und die eigenen Anteile des Therapeuten dabei betonen. Kann es nicht sein, dass in solch verdichteten Momenten die eigenen Illusionen zu bröckeln drohen? Und wenn ja, was kommt dann? Welche Meta-Ebene lässt sich verstehend heranziehen, wenn es kein Danach zu geben droht?

Insbesondere in therapeutischen Begegnungen mit Kindern bahnen sich diese gewaltigen innerseelischen Energien immer wieder an. Es können dabei Situationen von großem therapeutischem Wert entstehen, insbesondere weil es sich um Konstellationen handelt, in denen gerade die erwachsene (und trotz aller Reflexion eben unbewusste) Weltordnung und die vermeintlich narzisstisch-intellektuelle Überlegenheit angegriffen und somit bedroht wird. Wenig übertrifft aus meiner Erfahrung die Intensität und Bedrohlichkeit eines wahren Angriffes auf unsere primär-narzisstischen Fundamente und unsere sogenannte Normalität. Dies hat nicht zuletzt durch die große – authentische – Unmittelbarkeit von Kindern häufig eine existenzielle Tragweite. Der zentrale psychotherapeutische Begriff »Authentizität« steht etymologisch interessanterweise in gewisser assoziativer Nähe hierzu (das altgriechische Wort »authentikós« bedeutete in ältester Zeit: »Selbst- oder Verwandtenmörder«, anschließend »Herr« oder »Gebieter« und dann »original«, »echt«, »zuverlässig«).

5.1.1 Die Grenzen meiner selbst

Psychotherapeutisch geht es also um reziproke Aufrichtigkeit und aufseiten des Kinder- und Jugendanalytikers als aufnehmend-haltendem und strukturierend-begrenzendem Bezugsmenschen um ein insoweit mögliches Versorgen. Dies kann natürlich nur gelingen, wenn der Analytiker selbst immerwährend für sich selbst angemessene Sorge trägt. Darüber kann ein relationaler und triangulierender Raum geschaffen werden, welcher wiederum schöpferische Entwicklung eröffnet. Todesdynamisch gälte es zu präzisieren, dass man sich als Therapeut trauen darf, zum einen seine eigenen Begrenztheiten zu akzeptieren und zum anderen diese auch angemessen zu vermitteln. Dabei wird man analog zum übrigen Lebensgeschehen auch in der Übertragungsbeziehung und im therapeutischen Prozess zwangsläufig immer wieder scheitern.

Dieses Scheitern in seinen kleinen als auch großen Facetten gilt es irgend möglich zu erkennen und anzunehmen, um über dessen Akzeptanz wiederum einen kreativ-schöpferischen Lebensprozess in Gang zu bringen bzw. zu halten. Aus berufspraktischer Sicht wohl insbesondere dann, wenn man sich gelegentlich z. B. über Abbrüche in Behandlungen Gedanken macht und seine psychotherapeutische Existenz in Frage stellt.

Auch wenn dies im vorliegenden Text mitunter anders erscheinen mag: Oft genug erlebe ich mich im analytischen Prozess – jenseits von etwaigen in mich projizierten Anteilen – als ungenügend. Meine therapeutischen Bemühungen kommen mir dabei ein ums andere Mal als gescheitert vor und ich kann die ablaufenden Prozesse nicht verstehen.

Die von Winnicott so mutig offenbarte »Vergeblichkeit« des therapeutischen Bemühens (Winnicott, 1991) kann so in ihrer Doppeldeutigkeit gesehen werden: Für die Einnahme der depressiven Position und somit für ein lebenswertes Dasein gilt es immerfort zu versuchen, dem Anderen und sich selbst für die menschliche Unzulänglichkeit, Begrenzt- und Vergänglichkeit zu vergeben. Darüber kann schließlich gar bei schwer belasteten und traumatisierten Patienten die Hoffnung keimen, dass der Mensch immer in der potenziellen Lage ist, sein eigenes Selbst sowie sein Leben zu formen, es würdevoll anzunehmen und es zu lieben! Oft sind es ja gerade diese jungen Menschen mit ihrem »erschütterten Selbst«, die sowohl den therapeutischen Heilungsprozess als auch den Therapeuten an die Grenzen bringen.

Mir selbst hat sich über meine praktischen Erfahrungen wiederholt gezeigt, wie elementar ein relational strukturierendes Begrenzen sein kann. Mit Hopf teile ich dabei die Haltung, dass psychotherapeutisches Arbeiten insbesondere mit Kindern nur unter Wahrung der eigenen Selbstgrenzen und damit mit Achtung gelingen kann (Hopf, 1998, S. 192). Auf dieser Grundlage lassen sich mitunter Situationen, in denen man selbst vermeintlich die Beherrschung verliert oder überhaupt nicht mehr weiter zu wissen scheint, mit den Patienten thematisieren und im Nachhinein als modifizierte Beziehungserfahrung konstruktiv nutzen.

Ein achtjähriger, sehr ungehaltener und beinahe immer unter Spannung stehender Junge forderte mich beinahe in jeder Stunde mit verschiedenen Angriffen heraus, die ich ihm immer wieder – durchaus deutlich begrenzend – deutete. Manchmal erreichte ich ihn damit, in anderen Situationen schien alles an ihm wie an einer Wand abzuprallen und ich war bemüht, seine Verletzungen psychodynamisch zu verstehen und auszuhalten. Biografisch wusste ich u. a. von schweren Vernachlässigungen, Gewalterfahrungen und verschiedenen Heimaufenthalten. Eines Tages hatte er als Dreijähriger seine drogensüchtige Mutter bewusstlos in der Küche entdeckt und sich für Stunden neben sie gelegt. Laut seinen Lehrern war der Junge schließlich überhaupt nicht zu bändigen, so dass verschiedenste Behandlungen, auch mit Medikamenten versucht wurden.

In einer Therapiesitzung nun ging er mich mit großem Nachdruck wiederholt – auch körperlich – an, so dass mir sprichwörtlich der Kragen platzte. Ich schrie ihn laut und mehr als aufgebracht an, was er denn glaube, mit wem er es zu tun habe. »Für wen hältst Du mich!« Nach unser beider Erschrecken überkam mich ein starkes Schuldgefühl, gepaart mit verschiedenen Ängsten, während der Junge recht ruhig wirkte. Nach einigen Momenten konnte ich meine Reaktion offen ansprechen, wobei ich mich für mein lautes Schimpfen bei ihm entschuldigte. Rückblickend erscheint mir diese Sequenz als psychodynamischer Schlüsselmoment. Nicht nur wegen der bedeutenden Zusammenhänge mit seinen Objekterfahrungen bzw. Repräsentanzen und der szenischen Wiederholung in der Übertragungsbeziehung als vielmehr aufgrund des existenziellen Gehalts dieses Momentes. Darüber wurde seelisches Wachstum möglich und der Junge konnte gemeinsam mit mir positive und wiedergutmachende Beziehungserfahrungen sammeln.

5.2 Mystische Psychoanalyse

»Das ist ja schon alles ziemlich mysteriös, aber irgendwie mag ich es!«

Diese Aussage stammt von einer Abiturientin, mit der ich mich in eindrücklicher Übertragungsatmosphäre über ihre Freud-Präsentation im Ethik-Unterricht ausgetauscht habe.

Sie steht beispielhaft für die unzähligen Situationen und Szenen, besonders auch mit jüngeren Kindern, in denen etwas berührt wird, was jenseits von vertrauten Aufnahme- und Verstandeskanälen zu liegen scheint. Sollte also die Psychoanalyse wahrhaftig den Versuch darstellen, über Unsagbares zu reden bzw. Undenkbares zu denken und sich dem zugrundeliegenden Nicht-Wissen zu stellen, dann kann das »Mystikon« als das Geheimnisvolle und Unergründbare nicht weit entfernt sein (vgl. Bion, 2016; Wiedemann, 2007; Witte, 2010; Wahl, 2008; Meyer 2009b; Pfannschmidt, 2016).

Begriffsassoziativ und unter existenziellen Gesichtspunkten lässt sich das »Geheimnis« auch als »Ich geh heim« verstehen. Vielen Menschen gibt das angeführte Bild von der Wiederkehr zu Gott, ins Paradies, in den Mutterschoß, in die All-Natur oder ins Nirwana Trost. Dabei können, auch im Verhältnis der ontogenetischen zur phylogenetischen Menschheitsentwicklung, die Durchgangsriten bei den verschiedenen Lebensübergängen von der Feier des Geburtstages bis zur Feier der Bestattung als spirituell-anthropologische Grundkonstanten gesehen werden. Bezüglich des Todes existieren dafür kultur- und generationenübergreifend auf der ganzen Welt altbewährte Anleitungen und heilige Schriften wie die bekannten Totenbücher der Ägypter (Pert Em Hru) und Tibeter (Bardo Thödol), die mittelalterliche Literatur über die »Kunst des Sterbens« (Ars Moriendi), aber auch die jeweiligen Passagen der Bibel.

Ein Elfjähriger, der sich seit zwei Jahren in analytischer Therapie bei mir befand, betrauerte den Tod seiner geliebten Großmutter, die den Jungen oft zu seinen Terminen gebracht hatte. Sehr anrührend verlief dabei die unmittelbare Zeit nach der Beisetzung, in der er sehr offen über seine Oma und seine Beziehung zu ihr sprechen konnte und mehrmals sogar von ihr träumte. Im Anschluss erzählte er mir dann von einer Aussage des Großvaters, die den Jungen spürbar beeindruckt haben muss und über die wir wiederholt gemeinsam nachdenken und reden konnten: »Die Oma ist halt nur schon mal vorausgegangen!«

Eine Ahnung von Freuds mystischen Annäherungswegen bekommt man in seinem bemerkenswerten Aufsatz über »Das Unheimliche« (Freud, 1919). In diesem greift er das semantisch-dynamische Wortspiel wie oben mit dem Wortstamm »*Heim*« auf. Diesen versteht Freud im Sinne von Heimat bzw. Haus und er betont die unmittelbare reziproke Nähe zum *Unheimlichen* bzw. *-heimischen*, als »jene Art des Schreckhaften, welche auf das Altbekannte, Längstvertraute zurückgeht« (ebd., S. 244). Somit sieht Freud das Unheimliche als ambivalent zum Heimlichen bzw. Heimisch-Vertrauten an und verortet es in unserem tiefsten Inneren. Interessanterweise erscheinen aus etymologischer Sicht diverse kindlich-angstbesetzte Begriffe in ähnlichem Bedeutungslicht: So steckt z. B. im Ungeheuer das, was uns »geheuer« ist, was so viel wie angenehm, freundlich bzw. zum Haushalt/Hauswesen gehörend, also auch »vertraut« bedeutet. Selbst im Gespenst ist das zu erkennen, was uns »spenstig« ist, also das Verlockende und Verführende. Und schließlich ist wie bereits angeführt unser »Geist« seit Urzeiten von seiner intrinsisch dichotomen Bedeutung geprägt.

Bezugnehmend auf E. T. A. Hoffmans phantastisch-unheimliche Geschichte »Der Sandmann« führt Freud den Leser darauf aufbauend u. a. über den Geister- und Dämonenglauben zur anthropologisch unheimlichen Frage, ob etwas belebt bzw. beseelt sei oder nicht. Diesen Animismus, die »Allmacht der Gedanken«, die Angst vor dem »bösen Blick« sowie das »Motiv des Doppelgängers als Versicherung gegen den Untergang des Ichs« bezeugt Freud mit zahlreichen literarisch-theoretischen als auch klinischen Exempeln. Bis in die heutige Zeit spielt jeder bessere Thriller bzw. Horrorfilm mit diesen tief archaischen Themen und es sind ja gerade Jugendliche, die sich mit einer regelrechten Angstlust sehr für diese Inszenierungen interessieren.

Klinisch-praktische Fallvignetten dürften hier endlos sein, zwei Erlebnisse möchte ich anführen, die in ihrer Ausformung exemplarisch für unzählige szenische Konstellationen mit similärer Dynamik stehen dürften:

Eine 20-jährige junge Frau mit ängstlich-depressiver Symptomatik eröffnet mir erst nach vielen Stunden in einer analytischen Therapie, dass sie immer noch ganz viele Stofftiere besitze, die ihr viel bedeuten und die sie in ihrem Zimmer wohl sortiert aufgereiht habe. Nachts beim Zubettgehen allerdings müssten diese Tiere ausnahmslos »dahin, wo ich sie nicht mehr sehen kann«, wobei sie präzisierend hinzufügt, dass es eigentlich hauptsächlich darum gehe, dass sie Angst davor habe, wie die Stofftiere sie anstarren. Hierbei denke ich an den bereits erwähnten »bösen Blick« und an meinen Anteil im relationalen Übertragungsgeschehen.
Auf mein interessiertes und zugewandtes Eingehen hin kann sie darauf wiederholt und nachhaltig über ihren Aberglauben sprechen

5.2 Mystische Psychoanalyse

und wie sie besonders ihren vor kurzem verstorbenen Großvater vermisse. Die Patientin beschreibt dabei neben den liebevollen Gedanken und Gefühlen schließlich auch zutiefst beängstigende Traumbilder bzw. Phantasien, die sie gar nicht versteht und bei denen sie das unheimliche Gefühl hat, jemand weiteres sei bei ihr im Zimmer und beobachte sie. Über das Aufnehmen ihrer Angst und den emotionalen Austausch darüber in der Übertragungsbeziehung wird es ihr schließlich möglich, zumindest in Ansätzen über den eigenen Tod und ihre diesbezüglichen Phantasien und Gefühle zu reden.

Ein zehnjähriger Junge mit melancholisch-zwanghaften Anteilen erzählt mir während einer therapeutischen Begegnung auf einen andeutenden Hinweis meinerseits von seinem verstorbenen Vater, der vor etwa vier Monaten einem Krebsleiden erlegen ist. Nach einem berührenden Austausch über ihn meint der Junge plötzlich in einer Mischung aus Aufregung und tiefer Traurigkeit, dass er seinen Vater gelegentlich immer noch sehe. Am häufigsten ereigne sich dies an einem speziellen Ort nahe der familiären Wohnung, über den der Junge schließlich gemeinsame Erlebnisse mit dem Vater assoziiert. Eine verdichtete Atmosphäre mit unheimlich-bewegten Gegenübertragungsempfindungen kommt anschließend bei einem Gespräch mit der Mutter auf, die unvermittelt und mit gewisser Verunsicherung anspricht, wie sie ihrerseits ihren Mann manchmal noch »in echt erblicke«. Da mir dieses Phänomen nach einem Todesfall selbst vertraut ist, spreche ich bei beiden an, wie sehr der Vater bzw. der Ehemann fehle und wie nachvollziehbar seine Erscheinung ist. Silverman und Silverman beschreiben diesen Glauben an die weitere Existenz des Toten als normale und sinnvolle Reaktion nach einem Todesfall im familiären bzw. unmittelbaren Beziehungsumfeld. Hier spricht man auch von »Nachtoderlebnissen« (vgl. Vogel, 2012, S. 133 ff.) Erst wenn die Realität des Todes sehr nachhaltig verleugnet werde, müsse die individuelle Situation und Symptomatik betrachtet werden (Silverman & Silverman, 2014, S. 54). In der therapeutischen Beziehung mit dem Patienten wiederum wurde ein intensiver emotionaler Austausch angestoßen, der nicht zuletzt durch die Übertragungskonstellationen auch für mich wahrnehmbare existenzielle Dimensionen gehabt hat: Der Vater ist bei seinem Tod etwa in meinem Alter gewesen.

Inzwischen überrascht es mich nicht mehr, wenn sich in entsprechenden Situationen (auch außerhalb des Therapieraums) der Aberglaube der Menschen zeigt. Bei Kindern wird in der Regel akzeptiert, dass diese Glaubens- bzw. Phantasieschichten einen wesentlichen Teil ihres Seelenlebens ausmachen. Allerdings zeigt sich auch hier oft genug, nicht zuletzt bei den in kinderpsychotherapeutischen Praxen vorstelligen Eltern, dass Erwachsene sich mit einer verstehenden Annäherung bzw. Akzeptanz an diese innerpsychischen Bereiche schwertun. Es hat sich mir dabei als hilfreich erwiesen, die Eltern an eigene abergläubische Anteile hinzuführen, und mit keinem Thema kann dies wohl konstruktiver gelingen als mit dem Tod und den eigenen Vorstellungen davon.

5.3 Es gibt nur einen Tod: Interkulturelle Annäherung

In einem probatorischen Gespräch mit einer siebzehnjährigen Adoleszenten, die vor kurzem unter schier unvorstellbar schweren Bedingungen aus einem zentralafrikanischen Land alleine nach Deutschland geflüchtet ist, geht es um ihre innere Unruhe und ständig wiederkehrende schreckliche Alpträume. Die behutsame Exploration ihrer traumatischen Erlebnisse führt zu verstörenden und nicht zu kontrollierenden Gedanken bzw. überflutenden Affekten, von welchen ich gleichsam in meinen Gegenübertragungsgefühlen eine bedrohliche Ahnung bekomme. Erst als ich unsere Überlegungen auf ihr Heimatdorf und ihre Familie lenke, kann eine spürbare Entspannung einkehren. In verdichteter Form berichtet die Patientin dabei von ihren »Ahnen« und von »Geistern«, die neben den erwähnten bedrohlichen Anteilen auch einen sehr beruhigend-beschützenden Charakter auf sie ausstrahlen würden. Mein anschließendes Bekunden

5.3 Es gibt nur einen Tod: Interkulturelle Annäherung

von Interesse an diesen Bereichen eröffnet wiederum einen bedeutsamen Raum, in dem die junge Frau ruhiger und sichtlich erleichtert über ihren Naturglauben sprechen kann.

In einem anderen Behandlungsfall zeigt mir der arabischstämmige junge Vater eines neunjährigen Jungen mit multiplen Ängsten und Aggressionsproblemen ein ums andere Mal, wie wenig er eigentlich »von so etwas wie Psychotherapie« hält. In seinem Land gäbe es das gar nicht, da würde alles in der Familie bzw. in der Sippe geregelt. Auf mein verständnisvolles und neugieriges Eingehen reagiert der Vater mit verschlossener Körperhaltung zunächst immer wieder misstrauisch, abweisend und regelrecht provokant, was meinerseits in gekränkt-ärgerliche und zunehmend resignierende Empfindungen mündet. Tragischerweise überträgt sich diese dynamische Konstellation in die Begegnungen mit dem Jungen und der Fall scheint zunehmend hoffnungslos bzw. gestorben für mich. Lediglich das Vertrauen in die besorgte Mutter, aber irgendwo auch in die Tatsache, dass der Vater regelmäßig zu unseren Terminen erscheint, lässt noch einen Funken prognostischer Zuversicht übrig.

Erst als in einem Elterngespräch das Thema »krank sein« aufkommt, berichtet der Vater unvermittelt von seinen psychosomatischen Beschwerden und Panikattacken mit Todesängsten. Während er auf diesbezügliche psychodynamische Andeutungen mehr als verhalten reagiert, scheint ihn schließlich meine Frage nach seiner Einschätzung über die Herkunft dieser Symptome anzusprechen. Weiter zögerlich, nun allerdings in einer sichtlich weicheren bis schüchternen Ausstrahlung, meint er vorsichtig, dass ich »dem Allen« eh keinen Glauben schenken würde. »Es geht um Gott«, erwidert der Vater nun beinahe andächtig. Er und seine Frau seien sehr gläubig, worauf er wiederum zögert und sich ein eindrückliches Schweigen einstellt. Schließlich eröffnet er mir, dass die Krankheit eine »Strafe Gottes« sei, insbesondere weil sie es nicht schaffen würden, ihren Sohn nach den adäquaten religiösen Gepflogenheiten zu erziehen. »Was hat das Leben ohne Glauben für einen Sinn?«, fragt mich der Vater schließlich eindrücklich.

Auch hier bietet sich ein gemeinsamer authentisch-menschlicher Blick auf den Tod als Verständnis- und Beziehungsbrücke an. Dies kann mitunter durch respektvolles Erkunden der jeweiligen inneren Glaubensbilder gelingen, über welche schließlich die – universelle – Gefühlswelt der Patienten berührt werden kann. Dabei lassen sich die kulturübergreifenden Themen Verlust, Trauer und Endlichkeit in die therapeutische Beziehung bringen und es kann, gerade mit Kindern und Jugendlichen, ein gegenseitiges Vertrauen entstehen.

Diesbezüglich fällt dem erwähnten menschlichen Aberglauben aus meiner Erfahrung viel Gewicht zu. Während wir in unseren Breiten solche seelischen Aspekte schnell als infantile und überholte Muster zu enttarnen glauben, nehmen diese psychischen Anteile in ihrer individuellen als auch kollektiven Tragweite eine tragende Rolle in vielen Kulturkreisen ein.

Meine elterlich-familiären Wurzeln liegen in Griechenland und ich kann mich persönlich sehr gut erinnern, welch große Bedeutung der »böse Blick« für mein näheres Umfeld gehabt hat. Mein davor »schützendes Auge« besitze ich in Form eines kleinen Anhängers bis heute.

Ich werde auch nie vergessen, wie merkwürdig bis verstörend ich während unserer sommerlichen Heimaturlaube die immer in schwarz gekleideten alten Frauen erlebt habe, die bei den kirchlichen Zusammenkünften immer in ungewöhnlich ungehemmter und hysterisch-schriller Art und Weise ihre Gefühle bzw. ihr Leid kundtaten.

Auch sind mir die Abschiedsworte sehr in Erinnerung geblieben, die ich als Kind immer wieder von beinahe allen griechischen Erwachsenen in meinem Umfeld gehört habe: »So Gott will« bzw. sinngemäße Aussagen wie: »Wenn wir bis dahin noch leben ...«

Viele dieser – rituellen – Handlungen sind auch in ihrem konstruktiv-bereichernden Gehalt zu verstehen und zu respektieren. Psychodynamisch stehen die erwähnten Praktiken der existenziellen Ebene sehr nahe: Der Augenanhänger lässt sich als Kultgegenstand wie ein schützendes Übergangsobjekt sehen, der kathartische bzw. therapeutische Effekt der sogenannten »Klagegesänge« insbesondere für die Trauerarbeit ist inzwischen belegt (vgl. Canacakis, 1992, S. 185 ff.) und die angeführten Gruß- bzw. Abschiedsformeln können im Sinne eines Memento mori, also eines lebensbegleitenden Todesgewahrseins, fungieren.

5.4 Wie das Leben so spielt: Der Tod ist Schicksal

Ich möchte noch auf einen nicht zu unterschätzenden Aspekt hinweisen, der für beinahe jede Weltkultur immer noch prägenden und psychodynamisch relevanten Charakter zu besitzen scheint. Dabei handelt es sich um den menschlichen Glauben an ein vorherbestimmtes Schicksal.

Psychotherapeutisch als auch -dynamisch interessant erweist sich bei dementsprechender Haltung beinahe ausnahmslos eine diesbezügliche Andeutung bzw. hinweisende Frage. Bei Jugendlichen kann dabei sehr oft ein bereichernder Austausch entstehen, wobei Kinder immer wieder selbst durch ihr »schicksalshaft« wirkendes und existenziell anmutendes Spiel auf dieses Moment hinweisen.

Auf einen weiteren eindrücklichen Aspekt weisen hier die sogenannten »anniversary syndromes« hin. Sie treten bei Menschen auf, die in ihrer Kindheit oder Jugend einen Elternteil durch Tod verloren haben. Die betreffenden Personen entwickeln später in ihrem Leben die schicksalhafte Vorstellung bzw. Befürchtung, im selben Alter wie diese sterben zu müssen. Speziell für Kinder- und Jugendlichenpsychotherapeuten erscheint darüber hinaus der entsprechende familiendynamische Rahmen beachtenswert: Diese elterlichen Ängste beziehen sich auch auf das Alter der eigenen Kinder. Ist also ein bzw. insbesondere das älteste Kind so alt, wie man selbst beim Tod eines Elternteils war, so ist von einer gewissen Labilität mit psychiatrisch krankheitswertigem Risikocharakter auszugehen (Hilgard zit. nach Meyer, 1979, S. 76 ff., und Yalom, 2000, S. 132 ff.).

Stark beeinflusst ist der Schicksalsglaube im Abendland durch das antike Denken im alten Griechenland bzw. Rom und die damalige Kultur- bzw. Weltsicht (vgl. Vogel, 2012). Jeden, der in einer der wohl bekanntesten antiken Stätten, dem Orakel von Delphi, eintrat, begrüßte die Inschrift: »Gnothi S' auton«, was mit »Erkenne Dich selbst« wohl am treffendsten übersetzt werden kann. In vereinfachender Art ließe sich dieses Credo auch als psychoanalytisches (Teil-)Ziel verstehen, was ich in einleitenden Gesprächen in angemessener Form tatsächlich in etwa so benenne.

Aus existenziell-dynamischer Sicht erweist sich dabei der Hinweis relevant, dass die klassisch-antike Selbsterkenntnis grundlegend damit verbunden war, die eigene menschliche Begrenztheit und Endlichkeit im Gegensatz zur göttlichen Allwissenheit und Unsterblichkeit anzuerkennen. Bei Sokrates bzw. Platon kam anschließend die Erkenntnis des Nicht-Wissens hinzu, wobei das antike Denken sowohl die hohen innerseelischen Ambivalenzen des Menschen als auch eine assoziative Vorstellung für den intermediären Bereich zwischen Menschlichem und Göttlichem kannte. Dieser war das Feld der Dämonen, die jedoch im Kontrast zu heute nicht ausschließlich bedrohlich-bösen Charakter besaßen. Vielmehr wurden sie polar zum einen als »kakodaimon« mit Unheil bringender Wirkung und zum anderen als »eudaimon«, als hilfreiche und protektive Leitwesen betrachtet, eine Funktion, die im Geschichtsverlauf den (Schutz-)Engeln übertragen wurde, während das »kako-«dämonische (*gr. für böse*) im teuflisch-satanischen Projektionsbild eingeflossen ist. Platon versteht u. a. die Liebe bzw. Eros als einen »großen Dämon«, der zwischen dem Sterblichen und dem Unsterblichen besteht, gleichsam wie »die große Vorstellung« zwischen Weisheit und Unwissenheit (vgl. Yang, 2005, S. 140).

5.5 Das Leben, sein Anfang und das Heil(ig)ende

Obgleich Freud einräumt, niemals dieses »ozeanische Gefühl« der eigentlichen Quelle der Religiosität bei sich entdeckt zu haben (Freud, 2000, 1930 [1929], S. 197–198), hat er sich wie gesehen sowohl öffentlich als auch persönlich viel mit der Conditio Humana und existenziellen Grenzthemen beschäftigt. Leitend ist für ihn hierbei immer die Empirie und der menschliche Logos gewesen, ganz nach seinem bekannten Motto: »Wo Es war, soll Ich werden«, gepaart mit einer lebenslangen triebtheoretischen Orientierung. Anders formuliert geht es um den Versuch, das Ungewusste gewusst zu machen, also etwas, das gerade auf unseren Tod und dessen psychodynamische Ausläufer bezogen nur annähernd und wohl auch nicht auf ausschließlich rational-wissenschaftlichem Weg möglich scheint. Freud selbst wusste dies natürlich und er weist wiederholt darauf hin, dass das menschliche Bedürfnis nach einer haltgebenden übergeordneten Macht infantilen Grundbedürfnissen entspringe.

Zahlreiche Psychoanalytiker haben anschließend im religiös-spirituellen Impuls ein essenzielles menschliches Bedürfnis gesehen. Dieses tritt natürlich insbesondere in der Konfrontation mit der humanen End- und Vergänglichkeit zutage. So betont Jung, dass das Problem der »Heilung« ein »religiöses Problem« sei (Jung, 1997, S. 125) und Winnicott hat auf den unberührbaren Kern im Selbst eines jeden Menschen hingewiesen. Nach seiner Auffassung gibt es in jedem Individuum einen Bereich, der »isoliert ist, dauerhaft außerhalb jeglicher Kommunikation, für immer unbewusst und in der Tat *unauffindbar*«. Winnicott bezeichnet diesen Bereich ausdrücklich als »sacred«, also »heilig«, einen unberührbaren Tabubereich. Er weist nachdrücklich darauf hin, dass manche Abwehr des Patienten dadurch aktiviert werde, dass »ein Übergriff auf den heiligen Bereich (sacred area) droht« (zit. nach Auchter, 2013, S. 12).

Ich wiederum glaube, dass auf unserer Lebensreise dem menschlichen Glauben ein weiter Raum mit essenziellster Bedeutung zuerkannt werden sollte, diesem kann sich in Anbetracht der eigenen Sterblichkeit schlussendlich niemand entziehen. Als Hilfsanker kann hier die angelsächsische Sprachkultur dienen, dort existieren zwei Begriffe für Glauben: »belief« und »faith«. Während sich »belief« auf konkrete Glaubensinhalte und -praktiken bezieht, meint ›faith‹ etwas Umfassenderes, originär Menschliches: Existenz- bzw. logotherapeutisch gesprochen handelt es sich um das humane Bedürfnis nach Sinnhaftigkeit und Halt. Aus allgemein psychodynamischer Warte könnte man vom Urvertrauen sprechen, welches mit dem Streben oder gar dem Trieb nach Bezogenheit oszilliert (vgl. Fowler, 1991).

Der Entwicklungspsychologe und Theologe Fowler hat in seinen empirischen Studien untersucht, wie und mit welcher innerpsychischen Dynamik sich ontogenetisch »Stufen des Glaubens« im menschlichen Leben etablieren. Er nähert sich dem menschlichen Glauben und dessen Entwicklung trotz seines Stufenmodells weniger aus einem kognitionsorientierten Ansatz als vielmehr aus einer psychodynamischen Perspektive. Er beschreibt Glaube als

»die entwickelten und sich entwickelnden Formen, in denen Menschen ihr Selbst, Andere und die Welt erfahren (wie sie sie konstruieren), als bezogen auf und beeinflusst von den letzten Bedingungen der Existenz (...)« (ebd., S. 112).

Fowler hebt hervor, welch tragende Rolle Religion und Glaube gerade im weitläufigen Verständnis (faith) auch bei jüngsten Kindern und Jugendlichen einnimmt.

Ein viel verwendetes Instrument bei der Erfassung der Glaubensentwicklung bilden sogenannte »Dilemma-Geschichten«, die ursprünglich aus der psychologischen Untersuchung und Erfassung der menschlichen Moral stammen (vgl. Oser & Gmünder, 1986). Diese können sich – bei Bedarf in modifizierter Form – unter existenziellen Gesichtspunkten gut für den narrativen Einsatz in psychodynamischen Therapien mit Kindern und Jugendlichen eignen:

So handelt z. B. das »Paul-Dilemma« von einem jungen aufstrebenden Arzt, der bei einer Flugzeugreise abzustürzen droht. Während dieser bedrohlichen Turbulenzen beginnt er zu beten und räumt gegenüber einer göttlichen bzw. übergeordneten Macht ein, dass er bei einer möglichen Rettung sein ganzes Leben bedürftigen Menschen und einer guten Sache opfern würde. In der ursprünglichen Geschichte wird Paul wie durch ein Wunder gerettet und es stellt sich nun die Frage, wie sein weiteres Vorgehen eingeschätzt wird. Für therapeutische Zwecke kann die Erzählung und deren Ende offener gestaltet werden und es kann Raum gegeben werden für Assoziationen und Phantasien über Leben und Tod.

Für Tillich ist Religion »das, was jeden unbedingt angeht« (Tillich, 1964, S. 22). Die Vorstellung von unserer Begrenztheit, dem Jenseitigen und dem Bewusstsein unserer Sterblichkeit ist uralt. Sie findet sich in allen Religionen und heiligen Schriften der Menschen, wie der Bibel, der Thora, dem Koran, der Bhagavadgita sowie in alten buddhistischen Texten.

Der Buddhismus bzw. die Legende von Buddha erscheint mir in zweifacher Hinsicht erwähnenswert: Darin wird wie wohl in keiner anderen Weltreligion deutlich, welch fundamentale Bedeutung die Begegnung mit dem Tod und die Reflexion darüber für deren Begründer umfasst. Der weitere hilfreiche Aspekt zeigt sich in der Verwendbarkeit dieser Legende im therapeutischen Zusammenhang, mir hat Buddhas Geschichte als die des »Erwachten« wiederholt als Inspiration in Gesprächen mit Kindern und Jugendlichen gedient (vgl. De Marchi, 1988, S. 45 ff.):

»Der junge Prinz Siddharta war als erster Sohn des Königs geboren und dieser liebte ihn über alles. Der Vater scheute keine Mühen und Kosten, seinem Sohn die erlesenste Erziehung zu bieten und ihn darüber hinaus mit exklusivster Schönheit und Freude zu umgeben. Auch Siddhartas Heirat mit einer bildschönen Prinzessin wurde von Harmonie und Glückseligkeit begleitet und der Prinz und seine Prinzessin lebten für mehr als zehn Jahre in Eintracht und Glück.

Eines Tages aber sah Siddharta in Begleitung seines getreuen Knappen Channa einen schwerkranken, ausgemergelten Mann, der sich vor Schmerz am Straßenrand krümmte.

›Was ist mit diesem Mann?‹, fragte er Channa.
›Er ist krank und hat große Schmerzen‹, antwortete der Knappe.
›Aber warum ist er krank?‹, fragte Siddharta.
›So ist das Leben mein Herr‹, erwiderte Channa.

Siddharta schwieg und verfiel in tiefe Traurigkeit. Am nächsten Tag begegneten der Prinz und sein Knappe einem alten Mann. Er war so alt, dass sein Rücken gekrümmt war und sein ganzer Körper ständig wie Espenlaub zitterte.

›Was ist mit diesem Mann?‹, fragte der Prinz seinen Knappen, ›ist er auch krank?‹
›Nein, mein Herr, aber er ist sehr, sehr alt. So ist das Leben!‹

Und wieder kehrte Siddharta in traurigem Schweigen zu seinem Palast zurück. Am folgenden Tag wurden die beiden Zeuge von einem Begräbnis. Man trug den Leichnam eines Mannes zur Verbrennungsstätte, hinter dem Toten liefen schluchzend und heulend seine Frau und seine Kinder. Der Prinz fragte Channa, was diesem Mann zugestoßen sei. Der Knappe antwortete:
›Das, mein Gebieter, ist das Los jedes Menschen: König oder Bettler, ihn holt der Tod!‹
Diese Begegnung mit Krankheit, Leid und Tod soll Siddhartas äußere und innere Reise ausgelöst haben, aus der er als Buddha, als ›Erwachter‹ hervorgegangen ist« (De Marchi, 1988, S. 45 ff.)

Zusammenfassung

Rekapitulierend lässt sich für Kinder- und Jugendlichenpsychotherapeuten somit festhalten, dass der Tod in therapeutischen Begegnungen immer bedeutsam erscheint, jedoch ist er nicht durchgehend zu begreifen und somit auch nicht bedingungslos zu deuten! Vielmehr muss – analog zur sonst auch üblichen Deutungspraxis – in jedem individuellen Fall so gut als möglich im Diagnostik- und Behandlungsprozess gegenübertragend eruiert werden, was, wann und wie viel an Bedeutung des Todes hilfreich ist bzw. – von allen Beteiligten – ausgehalten werden kann. Aufgrund der Ursprünge der thanatologischen Elemente, bewegen sich diese Abläufe wohl größtenteils auf vorsprachlich-archaischen und schlussendlich dem rationalen Geist nicht zugänglichen Dimensionen. Wie erwähnt kann also das für psychodynamisch ausgerichtete Kinder- und Jugendlichenpsychotherapeuten vertraute Konzept vom Handlungsdialog um eine existenzielle Dimension erweitert werden. Essenziell erweist sich hierbei die eigene Offenheit und Fähigkeit des Therapeuten, seine in der Regel ohnehin sehr fein abgestimmten Empfangskanäle auf diese existenziellen Frequenzen zu schalten.

Sollte diese Bereitschaft vorhanden sein, dann reagiert das Unbewusste des Gegenübers auf seine individuelle Weise darauf unbedingt und es besteht die Möglichkeit, dass sich wahrhaft wertvolle Kräfte anbahnen, die gemeinsam in konstruktive, entwicklungsfördernde Richtungen gelenkt werden können. Hierbei kommt den urmenschlichen Themen Religion, Aberglaube, Mystik und Kultur allgemein hohe psychodynamische Bedeutung zu. Nach individueller Möglichkeit sollte man sich als Kinder- und Jugendlichenpsychotherapeut diesen Bereichen eher öffnen als verschließen. Insgesamt kann es dabei nur um das Menschliche in all seinen Facetten gehen und angemessene Abstinenz muss nicht bedeuten, dass man keine eigenen Gefühle und Grenzen zeigt. Gerade Kinder und Jugendliche nehmen sehr präzise wahr bzw. wollen herausbekommen, wie »echt« man ihnen gegenüber auftritt. In manchen Situationen geschieht dies durch direkte persönliche Fragen, welche auf analytisch arbeitende Therapeuten bzw. speziell auf Studierende – durch ihren eindringenden Charakter – recht beunruhigend wirken können. Ohne den potenziellen Abwehr- bzw. Widerstandsgehalt solcher Kommentare zu vernachlässigen, lassen sich diese Fragen auch als wichtige Orientierung auf existenziellem Terrain verstehen.

Vertiefende Literatur

Fowler, J. W. (1991). *Stufen des Glaubens*. Gütersloh: Gütersloher Verlagshaus.
Freud, S. (1916). *Vergänglichkeit*. Studienausgabe Band 10.
Fromm, E., Suzuki, D. & de Martino, R. (1971). *Zen-Buddhismus und Psychoanalyse*. Frankfurt a. M.: Suhrkamp.
Rank, O. (2006). *Technik der Psychoanalyse Band I–III*. Gießen: Psychosozial.

Weiterführende Fragen

- Welche Bedeutung kann dem Glauben psychodynamisch zuerkannt werden?
- Was gibt mir als Kinder- und Jugendlichenpsychotherapeut Kraft?
- Wie können kreativ-schöpferische Momente förderlich in psychotherapeutische Prozesse auch unter einer konfliktorientierten Haltung integriert werden?
- Erkenne ich mich selbst?
- Was ist der Tod?
- Und was ist das Leben?

Ausklang

Kehren wir am Ende nun zum Anfang zurück und halten wiederholt fest:

»*Der Tod kommt*«.

So gelangen wir zum Abschluss der Reise also wieder zu einer der Grundfragen, mit der sich, wie ich finde, jeder psychotherapeutisch Tätige zumindest annähernd beschäftigen sollte:
Was halte ich von den beschriebenen Todes- und damit Daseinselementen? Wie viel Annäherung daran halte ich aus? Habe ich Raum zu reflektieren, wer oder was mich eigentlich hält?

Über die Lebenserfahrungen allgemein, von denen bei Bedarf das psychotherapeutische Lernen durch Erfahrung einen hoffentlich förderlichen Anteil einnehmen kann, hat für mich jeder Mensch die ihm innewohnende Kraft, seine Welt kreativ zu erschaffen und auch zu lieben! Dies ist auch und insbesondere im Angesicht der lebenslangen ahnenden Gewissheit möglich, seine Kreation irgendwann wieder loslassen zu müssen, während uns immerfort die Kenntnis umweht, dieses Dasein nur durch partielle Abwehr und Verleugnung des Todes lebenswert gestalten zu können. Es scheint nicht nur nicht gesund, sondern vielmehr nicht menschenmöglich, die eigene Sterblichkeit wirklich dauerhaft präsent zu haben. Wir alle müssen uns hier etwas vormachen, das Leben ist unser aller »Als-ob-Modus«.

Das gilt es anzunehmen und auszuhalten und wer, wenn nicht das Kind und sein spielerisches Potenzial könnten hier Wegweiser und Lehrmeister sein. Auch ich glaube dabei, dass die Fähigkeit, sich kreative Illusionen zu machen, als größtmögliche Errungenschaft des menschlichen Geistes im Leben aufscheint. Dies kann es bei aller Be- und Aufarbeitung von jeglichen psychodynamischen, systemischen, verhaltensorientierten oder sonstigen psychotherapeutischen Aspekten nur zu stärken und zu stabilisieren gelten. Absolut niemand hat die erlösende Wahrheit parat, während sie immer in einem jeden von uns schlummert.

Dieses logisch nicht weiter zu ergründende und damit beinahe Zen-artige Paradoxon soll mit dazu dienen, die Verbindung zur Anfangsthese zu ziehen. Psychodynamisches Denken und Arbeiten experimentiert seit Freud exakt an dieser – unmöglichen – Synthese zwischen dem Wissen und Nicht-Wissen und bewegt sich somit seit jeher sehr nah am Tod und der Vorgeburt. So verstehe ich Freuds Einführung des Todestriebes, den er bis zu seinem Lebensende so vehement vertreten hat, als Abkehr von seiner Behauptung, dass unser Unbewusstes den Tod nicht kenne. Ich glaube, unser Unbewusstes »kennt« den Tod von Beginn an sehr gut. Es ist das Bewusstsein, dass sich mit seiner Bekanntschaft extrem schwertut.

Möglicherweise ist aber auch dies nur eine Nuance, wer vermag schlussendlich zu entscheiden, was mysteriöser und faszinierender ist: unser Unbewusstes oder unser Bewusstsein?

Diese Gedanken über das Dasein – vor, während und nach unserem individuellen Leben – möchte ich mit den Worten eines vierjährigen Kindes zu Ende bringen, über die sich wohl ewig nachsinnen lässt:

> Wir unterhalten uns über ein familiäres Ereignis, das lange vor seiner Geburt stattgefunden hat, und ich meine dazu: »Da warst Du ja noch nicht auf der Welt.« »Nee«, meint es trefflich, »da war ich in der Welt!«

Literatur

Ariès, P. (1980). *Geschichte des Todes*. München/Wien: Carl Hanser.
Armstrong, K. (2005). *Eine kurze Geschichte des Mythos*. Berlin: Berlin Verlag.
Auchter, T. (2013). *Religiöse Aspekte im Werk von Winnicott*. Veröffentlichter Vortrag vom 3. Symposium »Religion und Psychoanalyse« der DPG am 26.01.2013 in München. Zugriff (09.09.2018) über: https://dpg-psa.de/symposien-religion-und-psychoanalyse.html
Balint, M. (1981). *Die Urformen der Liebe und die Technik der Psychoanalyse*. Frankfurt a. M./Berlin: Ullstein TB.
Baumann, H. (1995). *Individualität und Tod*. Würzburg: Königshausen & Neumann.
Becker, E. (1976). *Dynamik des Todes*. Olten: Walter.
Bion, W. (1992). *Lernen durch Erfahrung*. Frankfurt a. M.: Suhrkamp.
Bion, W. (2009). *Aufmerksamkeit und Deutung*. Frankfurt a. M.: Brandes & Apsel.
Bion, W. (2016). *Transformationen*. Gießen: Psychosozial.
Blome, H. (2011). *Dream within a Dream: Geschichte eines Gedichtes*. Lindlar: Schweitzerhaus
Borasio, G. D. (2013). *Über das Sterben*. München: dtv.
Bowlby, J. (1983). *Verlust, Trauer und Depression*. Frankfurt a. M.: S. Fischer.
Bürgin, D. (1978). *Das Kind, die lebensbedrohende Krankheit und der Tod*. Bern: Hans Huber.
Campbell, J. (1953). *Der Heros in Tausend Gestalten*. Frankfurt a. M.: S. Fischer.
Canacakis, J. (1992). *Trauer – ein »verlerntes« Gefühl?* In: J.-Ch. Student (Hrsg.), *Im Himmel welken keine Blumen*. Freiburg i. Br.: Herder.
Condrau, C. (1991). *Der Mensch und sein Tod*. Zürich: Kreuz.
Da Silva, S. & Tehrani, J. (2016). Comparative philogenetic analyses uncover the ancient roots of Indo-European folktales. *Royal Society Open Science, 3* (1), 1–11. DOI: 10.1098/rsos.150645.
De Marchi, L. (1988). *Der Urschock*. Darmstadt: Luchterhand.
Die Bibel (1980). *Altes und Neues Testament. Einheitsübersetzung*. Lizenzausgabe, Freiburg i. Br.: Herder.
Die zeitlosen Weisheiten des Zen (1999) Bern: Scherz.
Di Gallo, A. (2002). Glaubst Du, dass du eines Tages sterben wirst? *Kinderanalyse, 10* (01), 93–102.

Di Gallo A. & Bürgin, D. (2006). *Der Umgang mit schwer kranken und sterbenden Kindern.* In: U. Koch et al. (Hrsg.), *Die Begleitung schwer kranker und sterbender Menschen.* Stuttgart: Schattauer.

Erhardt, H. (2005). *Von der Pampelmuse geküsst.* Ditzingen: Reclam.

Erhardt, H. (2009) *Der große Heinz Erhardt.* Hamburg: Lappan in der Carlsen Verlag GmbH.

Ferenczi, S. (1933). *Sprachverwirrung zwischen dem Erwachsenen und dem Kind.* In: *Schriften zur Psychoanalyse II.* Gießen: Psychosozial.

Ferenczi, S. (1988). *Ohne Sympathie keine Heilung.* Frankfurt a. M.: S. Fischer.

Flasch, K. (2016). *Der Teufel und seine Engel.* München: C. H. Beck.

Fonagy, P., Gergely, G., Jurist, E. L. & Target, M. (2004). *Affektregulierung, Mentalisierung und die Entwicklung des Selbst.* Stuttgart: Klett-Cotta.

Fowler, J. W. (1991). *Stufen des Glaubens.* Gütersloh: Gütersloher Verlagshaus.

Freud, S. (1900). *Die Traumdeutung.* Studienausgabe Band 2. Frankfurt a. M.: Fischer TB.

Freud, S. (1912/13). *Totem und Tabu.* Studienausgabe Band 9. Frankfurt a. M.: Fischer TB.

Freud, S. (1913). *Das Motiv der Kästchenwahl.* Studienausgabe Band 10. Frankfurt a. M.: Fischer TB.

Freud, S. (1914). *Zur Einführung des Narzissmus.* Studienausgabe Band 3. Frankfurt a. M.: Fischer TB.

Freud, S. (1915a). *Zeitgemäßes über Krieg und Tod.* Studienausgabe, Band 9. Frankfurt a. M.: Fischer TB.

Freud, S. (1915b). *Das Unbewusste.* Studienausgabe, Band 3. Frankfurt a. M.: Fischer TB.

Freud, S. (1916). *Vergänglichkeit.* Studienausgabe Band 10. Frankfurt a. M.: Fischer TB.

Freud, S. (1917). *Trauer und Melancholie.* Studienausgabe Band 3. Frankfurt a. M.: Fischer TB.

Freud, S. (1919). *Das Unheimliche.* Studienausgabe Band 4. Frankfurt a. M.: Fischer TB.

Freud, S. (1920). *Jenseits des Lustprinzips.* Studienausgabe Band 3. Frankfurt a. M.: Fischer TB.

Freud, S. (1923). *Das Ich und das Es.* Studienausgabe Band 3. Frankfurt a. M.: Fischer TB.

Freud, S. (1926 [1925]). *Hemmung, Symptom und Angst.* Studienausgabe Band 6. Frankfurt a. M.: Fischer TB.

Freud, S. (1927). *Die Zukunft einer Illusion.* Studienausgabe Band 9. Frankfurt a. M.: Fischer TB.

Freud, S. (1928). *Dostojewski und die Vatertötung.* Studienausgabe Band 10. Frankfurt a. M.: Fischer TB.

Freud, S. (1930 [1929]). *Das Unbehagen in der Kultur.* Studienausgabe Band 9. Frankfurt a. M.: Fischer TB.

Freud, S. (1933 [1932]). *Neue Folge der Vorlesungen zur Einführung in die Psychoanalyse.* Studienausgabe Band 1. Frankfurt a. M.: Fischer TB.

Freud, S. (1939 [1934–1938]). *Der Mann Moses und die monotheistische Religion: Drei Abhandlungen.* Studienausgabe Band 9. Frankfurt a. M.: Fischer TB.

Green, A. (2011). *Die tote Mutter.* Gießen: Psychosozial.

Grieser, J. (2018). *Der Tod und das Leben.* Gießen: Psychosozial.

Grof, S. & Halifax, J. (1980). *Die Begegnung mit dem Tod.* Stuttgart: Klett-Cotta.

Henseler, H. (1984). *Narzisstische Krisen. Zur Psychodynamik des Selbstmordes.* Opladen: Westdeutscher Verlag.

Hierdeis, H. (Hrsg.) (2014). *Wie hältst du's mit dem Tod?* Göttingen: Vandenhoeck & Ruprecht.

Hinshelwood, R. D. (1991). *Wörterbuch der kleinianischen Psychoanalyse.* Stuttgart: Klett-Cotta.

Hopf, H. (1998). *Aggression in der analytischen Therapie mit Kindern und Jugendlichen.* Göttingen: Vandenhoeck & Ruprecht.

Hug-Hellmuth, H. (1912). *Das Kind und seine Vorstellung vom Tode.* Imago I 1912; 286–98.

James, W. (1997). *Die Vielfalt religiöser Erfahrung.* Frankfurt a. M. und Leipzig: Insel.

Janus, L. (2015). *Geburt.* Gießen: Psychosozial.

Juckel, G. & Mavrogeorgiou, P. (2018). Die Angst vor dem Tod und ihre Bedeutung für die Psychiatrie. *Fortschr Neurol Psychiatr, 86* (04), 226–232.

Jung, C. G. (1997). *Psychologie und Religion.* München: dtv.

Kast, V. (2013). *Trauern.* Freiburg i. Br.: Kreuz.

Kierkegaard, S. (1988). *Entweder – Oder. Teil I und II.* München: dtv.

Kind, J. (1992). *Suizidal. Die Psychoökonomie einer Suche.* Göttingen: Vandenhoeck & Ruprecht.

Kind, J. (2017). Suizidale Interaktionen – zur Bedeutung der Suizidalität als Mittel der Beziehungsgestaltung. *KJP, 173* (1), 9–27.

Klein, M. (1987). *Die Psychoanalyse des Kindes.* Frankfurt a. M.: Fischer TB.

Klein, M. (1997). *Das Seelenleben des Kleinkindes.* Stuttgart: Klett-Cotta.

Klein, S. (2018). Jagen, sammeln, malen. *Zeit-Magazin, 26.*

Klüwer, R. (1983). Agieren und Mitagieren. *Psyche – Z Psychoanal, 37,* 828–840.

Kohut, H. (1966). Formen und Umformungen des Narzissmus. *Psyche – Z Psychoanal, 20*(8), 561–587.

Kohut, H. (1976). *Narzissmus. Eine Theorie der psychoanalytischen Behandlung narzisstischer Persönlichkeitsstörungen.* Frankfurt a. M.: Suhrkamp.

Lempp, R. (2003). *Das Kind im Menschen.* Stuttgart: Klett-Cotta.

Leuzinger-Bohleber, M., Bennecke, C. & Hau, S. (2015). *Psychoanalytische Forschung. Methoden und Kontroversen in Zeiten wissenschaftlicher Pluralität.* Stuttgart: Kohlhammer.

Leyendecker, C. & Lammers, A. (2001). *»Lass mich einen Schritt alleine tun«. Lebensbeistand und Sterbebegleitung lebensbedrohlich erkrankter Kinder.* Stuttgart: Kohlhammer.

Lieberman, E. J. & Kramer, R. (Hrsg.) (2014). *Sigmund Freud und Otto Rank*. Gießen: Psychosozial.
Lieberman, E. J. (2014). *Otto Rank. Leben und Werk*. Gießen: Psychosozial.
Lockot, R. (2013). *Die Reinigung der Psychoanalyse*. Gießen: Psychosozial.
Lutz, C. (2016). *Mythen und Märchen in der psychodynamischen Therapie von Kindern und Jugendlichen*. Stuttgart: Kohlhammer.
Marcel, G. (1952). *Geheimnis des Seins*. Wien: Herold.
Marcuse, L. (1984). *Denken mit Ludwig Marcuse. Ein Wörterbuch für Zeitgenossen*. Zürich: Diogenes.
Mentzos, S. (2003). *Neurotische Konfliktverarbeitung. Einführung in die psychoanalytische Neurosenlehre unter Berücksichtigung neuer Perspektiven*. Frankfurt a. M.: Fischer TB.
Meyer, G. (2004). *Geburt, Angst, Tod und das Begehren nach dem Mutterleib*. Frankfurt a. M.: Brandes & Apsel.
Meyer, G. (2009b). *Konzepte der Angst, Band 2: 1950–2000. 2. Halbband*. Frankfurt a. M.: Brandes & Apsel.
Meyer, J.-E. (1979). *Todesangst und das Todesbewusstsein der Gegenwart*. Berlin/Heidelberg: Springer.
Niethammer, D. (2008). *Das sprachlose Kind. Vom ehrlichen Umgang mit schwer kranken und sterbenden Kindern und Jugendlichen*. Stuttgart: Schattauer.
Ogden, T. (2015). *Die Angst vor dem Zusammenbruch und das ungelebte Leben*. In: A. Mauss-Hanke (Hrsg.), *Internationale Psychoanalyse, Band 10, Behandlungsperspektiven*. Gießen: Psychosozial.
Ohr, S. (2009). *Zum Verständnis von Trauer und Melancholie Frühe Konzepte und Weiterentwicklungen*. In: F. Wellendorf & T. Wesle (Hrsg.), *Über die (Un)Möglichkeit zu trauern*. Stuttgart: Klett-Cotta.
Oser, F. & Gmünder, P. (1986). *Der Mensch. Stufen seiner religiösen Entwicklung. Ein strukturgenetischer Ansatz*. Einsiedeln: Benziger.
Pfannschmidt, H. (2016). *Das Muttergotteskomplex*. Vortrag gehalten beim 6. Symposion Religion & Psychoanalyse in München. Zugriff (10.09.2018) über: https://dpg-psa.de/symposien-religion-und-psychoanalyse.html
Poe, E. A. (2013). *Das Werk*. Genehmigte Lizenzausgabe. Eggolsheim: Dörfler.
Rank, O. (1998). *Das Trauma der Geburt*. Gießen: Psychosozial.
Rank, O. (2006). *Technik der Psychoanalyse Band I–III*. Gießen: Psychosozial.
Rank, O (2015). *Wahrheit und Wirklichkeit*. Graz: Irene Huber.
Razinsky, L. (2012). *Freud, Psychoanalysis and Death*. Cambridge: Cambridge University Press.
Rey, P. (2000). *Eine Saison bei Lacan*. Wien: Passagen.
Richter, H. (1992). *Umgang mit Angst*. Hamburg: Hoffmann und Campe.
Riemann, E. (2003). *Grundformen der Angst*. München: Ernst Reinhardt.
Rohde-Dachser, C. (2009). Todestrieb, Gottesvorstellungen und der Wunsch nach Unsterblichkeit in der Bi-Logik Matte Blancos. Eine psychoanalytische Studie. *Psyche – Z Psychoanal, 63*, 973–998.

Röhrich, L. (2002). »*Und weil sie nicht gestorben sind ...*«: *Anthropologie, Kulturgeschichte und Deutung von Märchen*. Köln: Böhlau.
Röseberg, F. & Müller, M. (2014). *Handbuch Kindertrauer*. Göttingen: Vandenhoeck & Ruprecht.
Rotthaus, W. (2017). *Suizidhandlungen von Kindern und Jugendlichen*. Heidelberg: Carl-Auer.
Schiefenhövel, W., Schrot, H. & Kröning, A. (2014). Trennung, Tod und Trauer in den ersten Lebensjahren. Eine humanethologische Betrachtung. In: R. Kißgen & N. Heinen (Hrsg.), *Trennung, Tod und Trauer in den ersten Lebensjahren*. Stuttgart: Klett-Cotta.
Schopenhauer, A. (1985). *Der handschriftliche Nachlaß in fünf Bänden, Hrsg. von Arthur Hübscher*. München: dtv.
Schopenhauer, A. (1994). *Die Welt als Wille und Vorstellung*. Band 2. Frankfurt a. M.: Suhrkamp.
Schur, M. (1973). *Sigmund Freud. Leben und Sterben*. Frankfurt a. M.: Suhrkamp.
Senf, B. & Eggert, L. (2014). Entwicklungspsychologische Aspekte in der Arbeit mit trauernden Kindern und Jugendlichen. In: F. Röseberg & M. Müller (Hrsg.), *Handbuch Kindertrauer*. Göttingen: Vandenhoeck & Ruprecht.
Silverman, P. R. & Silverman, S. M. (2014). Gedenken und Andenken. In: F. Röseberg & M. Müller (Hrsg.), *Handbuch Kindertrauer*. Göttingen: Vandenhoeck & Ruprecht.
Singer, W. (2011). Das Selbst zwischen Neurobiologie, Philosophie und Religion. In: T. Müller & T. Schmidt (Hrsg.), *Ich denke, also bin ich ich?* Göttingen: Vandenhoeck & Ruprecht.
Solomon, S., Greenberg, J. & Pyszczynski, T. (2015). *Der Wurm in unserem Herzen*. München: Deutsche Verlags-Anstalt.
Stern, M. (1972). Trauma, Todesangst und Furcht vor dem Tod. *Psyche – Z Psychoanal, 12*, 901–928.
Streib, H. & Klein, C. (2010). Todesvorstellungen von Jugendlichen und ihre Entwicklung. In: R. Englert et al. (Hrsg.), *Jahrbuch der Religionspädagogik, Band 26*. Neukirchen: Neukirchener Theologie.
Student, J.-Ch. (2005). *Im Himmel welken keine Blumen*. Freiburg i. Br.: Herder.
Tillich, P. (1964). *Die Frage nach dem Unbedingten*. Stuttgart: Evangelisches Verlagswerk.
Türcke, C. (2009). *Philosophie des Traums*. München: C. H. Beck.
Upanishaden (1997). *Die Geheimlehre der Inder*. München: Eugen Diederichs.
Vogel, R. (2012). *Todesthemen in der Psychotherapie*. Stuttgart: Kohlhammer.
Wahl, H. (2008). *Mystik und Psychologie. Die Entdeckung der Mystik in der neueren Psychoanalyse*. Überarbeitete Fassung eines Vortrages, gehalten während der Jahrestagung der »Freunde der christlichen Mystik« in Bad Herrenalb. Zugriff (13.09.2018) über: *https://gul.echter.de/component/docman/doc.../4256-83-2010 1 010-026-wahl-3.html*
Werfel, F. (2019). *Gedichte aus den Jahren 1908–1945*. Frankfurt a. M.: S. Fischer.
Whitman, W. (2009). *Grashalme*. Köln: Anaconda.

Widmer, U. (2002). *Die heiteren Toten.* In: *Das Geld, die Arbeit, die Angst, das Glück.* Zürich: Diogenes.
Wiedemann, W. (2007). *Wilfred Bion, Theorie und klinische Praxis des »Mystikers der Psychoanalyse«.* Gießen: Psychosozial.
Wieseler, F. (1856). *Narkissos. Eine kunstmythologische Abhandlung.* Göttingen.
Winnicott, D. (1991). Die Angst vor dem Zusammenbruch. *Psyche – Z Psychoanal,* 45 (12), 1116–1126.
Winnicott, D. (2006a). *Reifungsprozesse und fördernde Umwelt.* Gießen: Psychosozial.
Winnicott, D. (2006b). *Vom Spiel zur Kreativität.* Stuttgart: Klett-Cotta.
Winnicott, D. (2008). *Von der Kinderheilkunde zur Psychoanalyse.* Gießen: Psychosozial.
Witte, K.-H. (2010). *Zwischen Psychoanalyse und Mystik. Psychologisch-phänomenologische Analysen.* Freiburg i. Br.: Karl Alber.
Wittkowski, J. (2003). *Sterben, Tod und Trauer.* Stuttgart: Kohlhammer.
Yalom, I. (2000). *Existenzielle Psychotherapie.* Köln: Edition Humanistische Psychologie.
Yang, T. (2005). *Platon in der philosophischen Geschichte des Problems des Nichts.* Würzburg: Königshausen & Neumann.
Zweig, S. (1989). *Über Sigmund Freud.* Frankfurt a. M.: Fischer TB.

Stichwortverzeichnis

A

Aberglaube 168
Abstinenz 15, 62
Abwehrmechanismen 29, 46, 107, 119
Aggression 27, 29, 65, 105, 120 f., 149
Allmachtsphantasien 99, 104, 106
Als-ob-Modus 109 f.
Angstlust 166
Animismus 166

B

Bezugsobjekte 117

C

Conditio Humana 119, 139, 142, 145
Container 63, 73

D

Dasein 37, 43, 84, 102, 130, 141, 163, 178 f.
depressive Position 140 f.
Durchgangsriten 165

E

Empathie 110

Existenz 14, 30, 101, 106, 111, 116, 127, 139, 157, 162, 167, 174
Existenzielle Psychotherapie 106, 113
Existenzieller Handlungsdialog 26

F

faith 63, 71, 119, 174

G

Geburt 17, 48, 57, 59, 66 f., 81, 83–86, 89–91, 94 f., 119 f., 124, 134 f., 141, 158, 179
Glauben 18, 54, 71, 160, 166 f., 169, 171, 173 f., 177

H

Heldenreise 42 f., 52
Heros 42 f., 102
Hospizarbeit 89
Humor 141, 143

I

Illusionen 157, 159–161, 178
Internalisierungen 25, 127

K

kindliche Phantasie 157

Knochenmann 23
Kohärenzgefühl 61
Kreativität 110, 141, 143
Kreatürlichkeit 99

M

Makrokosmos 86, 130
Märchen 41–43, 52
Mentalisieren 109
Mikrokosmos 86
Monomythos 42
Mythos 23, 37 f., 42, 85, 124 f.

N

Namenlose, das 68, 70, 72, 132
Narrativ 37
Nichtwissen 60
Nirwana 165

O

Objektkonstanz 98
Ontogenese 16
Opfer 18, 20

P

Phylogenese 16, 20

R

Rahmen 50, 56, 65, 76, 106, 128, 154, 171
Religion 174 f.
Rituale 18, 92

S

Säuglingsforschung 98
Schicksal 102, 131, 171
Schöpferische, das 158 f.

Schuld 30, 93, 101 f., 121, 131, 144, 149
Seelenmord 23
Sehnsucht 39, 64 f., 133
Selbsterfahrung 73, 81
selbstverletzendes Verhalten 30
Sexualität 85, 105
Sterben 14, 17 f., 22 f., 47, 51, 68, 85, 99, 115, 118, 122, 125, 138
Suizid 66, 143–146, 149, 154
Suizidalität 120, 143–146, 148, 152–154
Symbolisieren 109

T

Tabu 16 f., 38, 91
Terror-Management-Theorie 45
Todesangst 27 f., 90, 106
Todesbewältigung 111
Todesdynamik 38, 52, 82, 85, 115, 157
Todeskonzeptualisierung 97, 118
Todesnarzissmus 120, 124
Todestrieb 65
Todesvorstellungen 96
Todeswunsch 28, 150
Trauer 63, 80, 92, 94, 121, 123 f., 126 f., 129, 131–135, 140, 143, 154, 170
Trauerarbeit 63, 93, 127, 129 f., 132 f., 170
Trauerfeier 93
Trauerkonzepte 133
Traum 19, 38, 40, 87, 160 f., 167
Trauma 23, 89 f., 124
Traumatherapie 23
traumatischer Wiederholungszwang 18
Traumzeit 38
Trennung 63, 65, 85, 87, 101, 124, 126, 129, 131
Triangulierung 75, 154

U

Unheimliche, das 165
Urangst 27, 36, 70, 90, 97
Urkraft 69, 119, 159
Urtrauma 23

V

Verantwortung 102, 117

Vergänglichkeit 26, 45, 107, 116, 125, 163, 173
Verleugnung 28, 107, 110, 129, 178
Vernichtung 25, 28, 64, 70, 107, 122, 139

W

Wirklichkeit 41, 56, 61, 75, 157
Wissenschaften 17